爆釣 FXドリル

元漁師／FXトレーダー

水島 翔
SHO MIZUSHIMA

実録
知識ゼロから10か月で
月収850万円を達成した
「S級スキャルピング」

JN028720

KADOKAWA

さあ、船出の時 為替相場の大海原へ

漁師で身につけた野性的な相場感を武器に、取引開始からわずか10か月で月収850万円を達成した「漁師トレーダー翔」のノウハウを、鮮度抜群の状態でまとめた "ピチピチの一冊" です。

本書はＱ＆Ａ形式で構成されています。ガリガリ問題を解きながら読み進めていくことで、初心者でも爆速で時給５万円レベルのトレードスキルを会得できる本を目指しました。

ＦＸを伸るか反るかの「ギャンブル」にするか、稼げる「ビジネス」にするかは、あなた次第。

体系的に学習し、実際の市場に参加して経験を積んでいけば、ＦＸは「再現性のある投資」に様変わりします。

是非とも本書の問題を繰り返し解いて、著者の YouTubeチャンネル「FX/ryoushi-trader」に公開されているリアルトレードで、相場観を掴んでください。

書籍と動画という二隻の船で臨むことで、相乗的にトレードスキルを伸ばすことができます。

さあ、船出の時です。見失わないように着いてきてください。

為替相場の荒波を乗り超え、大漁旗の御旗を掲げるのは、あなたです。

目 次

第3章 波の動きと潮の流れを読め　環境認識はトレードの羅針盤

第4章 船出前の素振りで血豆を潰せ　実践トレードの知識

第5章 大漁旗を掲げよ！ 爆釣FXドリル

水島翔
(みずしま・しょう)

漁師トレーダー翔。1984年富山県生まれ。高校中退後は、地元の建設会社、漁師、大手運送会社などで働く。サラリーマン時代にFXと出会い「これなら夢を叶えられる」と確信。3か月で会社を辞め、専業トレーダーへ転身した。現在は、デイトレ・スキャルピングを得意とするトレーダー兼、株式会社好きなことで生きていく、AMAN FOODS 株式会社の代表取締役。自身のライフスタイルやトレード知識を発信するYouTubeチャンネル「FX/ryoushi-trader」の登録者数は約16万人超（2024年3月現在）。

装丁デザイン　　五藤友紀（ブックウォール）
本文デザイン　　株式会社アドグラフィックス
編集協力　　　　荻田里佳
　　　　　　　　尾崎響子
　　　　　　　　鹿内武蔵（株式会社 tcl）
企画編集　　　　五十嵐恭平

はじめに はじめて自転車に乗った あの日のことを思い出して

　皆さん、こんにちは。僕の名前は水島翔、元漁師で現在は投資家だ。本書を手に取ってくれたということは「FXで稼ぎたい」「変わりたい」、そう思って一歩踏みだそうとしているんだと思う。中には「FXは難しすぎる」と考えている人もいるかもしれないが、そんな人は、幼いころに自転車に乗る練習をした当時の気持ちを思い出して欲しい。

　初めて自転車のハンドルを握ったとき、ペダルの漕ぎ方、ハンドル操作のやり方、ブレーキのかけ方を一通り教わったとしても、「ハイ、じゃあ漕いでごらん」と言われてすぐに乗れるものじゃなかったと思う。まずは補助輪をつけて「自転車に乗る感覚」を養っていった人が大半なはず。補助輪付きで慣れたと思っていても、いざ外してみたら何度も何度も転んでしまう。それでも再びサドルにまたがって、少しずつ乗れるようになっていったのではないだろうか。1mも乗れなかったのが、いつしか転ばずにどこまでも乗れるようになっていったあの感覚。一度乗れるようになると、次は転ぶことの方が難しく思えるので不思議だよね。

　僕はFXをやり始めたばかりの人がすぐに稼げるとは考えていないし、間違った知識を吸収し続けている人はこれから先も勝ち続けることはないと思っている。あなたが幼い頃自転車に乗る感覚を身につけたように、FXでも正しい知識を身につけて体にトレードを馴染ませることで、「勝ちトレーダー」になってほしい。本書がその手助けになればと願っている。

第 **1** 章

船上での感覚を
研ぎ澄ませよ
FXはメンタルが９割

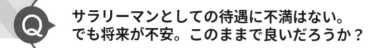

人間が能力を発揮できるかは 周囲の環境によって変わる

心がまえ **1-1**

Q サラリーマンとしての待遇に不満はない。
でも将来が不安。このままで良いだろうか？

A 変わりたいと思うなら行動に移そう

　僕のもとには上記のような質問がよく届くので、まずは自分自身の経験を話そうと思う。実は僕も5年前まで、運送会社で営業主任として働く普通のサラリーマンだった。貪欲に数字を追って出世を目指す仕事に喜びを感じていた一方、結婚して子どもがいて、さらに車のローンもある身として、金銭的に逼迫していた。給料が上がった分良い車を買い、そのローンを返すためにまた必死に働く、生活はギリギリの支払いサイクルの繰り返し。それでも僕は、もっと自由に使える時間やお金が欲しい、良い車も良い家にも住みたいという願いを諦められず……。モヤモヤしたまま過ごしていたが、ある日、当時の職位から出世しても収入は大きく変わらず、精神的・時間的な負担が増えるだけだと知り、今後もサラリーマンとして働いていくことに疑問を感じた。

　欲しい時計や車を持っている人のSNSを見て、どうすれば自分もそうなれるか模索する中で**FXと出会い、僕の人生はそこから劇的に変化し始める。**FXに明け暮れる日々の中で、SNSで成功している人たちが自分のなりたい姿を想像して未来を作っていく姿に、セールスドライバーから営業主任へ昇進し着任スピーチ

10

をする自分を常に想像していた当時の僕と共通する部分を感じて、さらにのめり込んだ。

　未来は日々の行動の積み重ねだ。行動をつかさどるのが思考だとしたら、思考を変えることが未来を変えることにつながる。では、思考を変えるにはどうすれば良いだろうか？

　答えは、**受け取る言葉や情報をポジティブなものに変える**こと。今この瞬間から、テレビやSNSから流れてくる悲観的なコンテンツ、自分に否定的な言葉を投げかけてくる人など、身の回りにあるネガティブな事象との関係を少しずつで良いから減らしていこう。

　ポジティブな情報とは、シンプルに自分がワクワクする情報のこと。「身近な5人の年収平均が自分の年収になる」と一般的に言われるのも、同じ原理だ。1ミリ、2ミリしかない小さなノミは、実は1メートル、2メートルと飛べる生き物だけど、高さ30センチの容器に入れると、容器の外に出られても30センチしか飛ぶことができないノミになってしまう。でも、再び1メートル、2メートル飛べるノミのそばに置くことで、元の能力を取り戻せるんだ。これと同様に、人間が潜在的に持っている大きく飛躍できる能力を発揮できるかは、周りの環境で大きく変わる。

　この時代だからこそ、SNSなどを駆使して**目標とする人を見つけて、情報を常に身の回りにおいて、考え方やマインドを取り入れる。そうしてプラスに切り替わった思考で決断して行動し続けることで、未来は良い方向に変わっていく**だろう。

成功するためには脳を騙して行動に移す

Q 多くの人が行動しようと思っていても
行動に移せないのはどうして？

A 「現状維持メカニズム」が働くから

　ある瞬間はとてもワクワクしても、寝て起きると元通りになっているのはよくあること。日本では、普通に働いていたら普通に暮らしていけるので、そんな場所で「リスクを取ってまで高みを目指したいのか」と問われたとき、躊躇する人は多いと思う。

　「現状維持メカニズム」に引っ張られないためには、「視覚化」が大事だ。僕は「ビジョンボード」を作っていて、欲しいもの、行きたいところ、自分の大切にしたい言葉の写真や画像を印刷して、一つのボードに貼るようにしている。ビジョンボードを作るときには、ワクワクする気持ちを大切にしながら手を動かす。そして作った後は必ず目に見える場所に飾っておいて、ワクワクした気持ちのままで目標に向かって突き進もう。

　見るだけでなく、自分が欲しいものを手に入れていること、行きたい場所に行っていることを常に想像するのも大切なんだ。**脳を騙して錯覚を起こして、心のブレーキを取り払う。**理想の自分だったらどう行動するかまでを想像できるようになると、逆算して今とるべき選択が見えてくる。今の自分のままで決断しては、「現状維持メカニズム」から抜け出すことはできない。未来の自

分をリアリティーをもって描き続けることで、成功に近づくことができる。

　ビジョンボードでなりたい自分を具体的に想像できたら、実際に欲しいものを店頭などへ見に行ってみると良いと思う。ネットで見るのと実際に見るのとでは全然違うはず。僕の場合はディーラーに行って「この車を買える人はこんな話し方をするかな」「こんな雰囲気を醸し出しているかな」と想像しながら「車を買える自分」を演じたことがある。そのときはあまり稼いでいなかったとしても、具体的に「稼いでいる自分」を想像するだけで気持ちは高まるもの。僕はそれが**「絶対に成功するんだ」というモチベーション**につながった。

　だからあなたも「成功した自分」をできるだけ具体的に想像してみてほしい。

心がまえ 1-3 稼ぐ理由があるから勝つまで続けられる

Q はじめの一歩を踏み出すのが怖い。
この場合はどうすれば良い？

A 前進しなければならない理由を
無理やりにでも作ってみる

　最初の一歩を踏み出せない理由は二つある。一つ目は「そもそもやるべきことが分からない」から、二つ目は「やるべきことは分かっているけどゴールが見えない」から。

　一つ目を解決するためには、多くの情報が飛び交う現代、特に**成功者のマインドを取り入れられるような情報収集を日ごろから心がけたり、直感を信じて果敢にチャレンジする**必要があるだろう。

　二つ目に関しては、まず夜の運転を想像してみてほしい。車のロービームは40メートル先、ハイビームは100メートル先までしか照らせないと一般的には言われている。けれど実際には、真っ暗闇でゴールが見えない状況でも、数十メートルから100メートル先を照らせるだけで、遠く離れた目的地に辿り着けるよね。僕は人生もこれと同じだと思っている。

　最初からゴール地点やプロセスが見えていなくても大丈夫。**目先のやるべきことを淡々とこなしていけば、目指すところに辿り着けると信じている。**大切なのは、ゴールと、ゴールに到着したときの自分の姿がはっきりと思い描けていること。

また、稼がなければいけない状況に自分を追い込むことも一つの方法だ。僕も何十万円、何百万円もするアウターやバッグを買うが、そのもの以上に、経験や稼ぐ理由を買っている。

　高級品を買えば、それを身につけて自分自身を高められるし、時には箔をつけるため、日本に一つしかないハイブランドの商品を買うこともある。さらに、買った分は稼がないといけないと自分を鼓舞するためのモチベーションにもつながるんだ。僕の高い買い物でいうと、今住んでいるマンションも出会ったときは買えない金額だった。でも、どうしても欲しかったから手付金を払って、それ以外の支払いは半年待ってもらったことがある。

　絶対にこの家に住みたい。その思いでがむしゃらに働いて、結果的にマンションの一室を手に入れた。**稼がなければいけない理由があったから頑張れた**んだ。リスクは大きいので必ずしも真似をしてほしいわけではない。でも、この話を頭の片隅に入れてもらえればと思う。

心がまえ 1-4 FXをギャンブルにしないビジネスにする考え方

Q FXはギャンブル？ それともビジネス？
どんなマインドで臨む？

A

FXは「投資」だと思って取り組もう

　FXは投資であり、ビジネスであると思う。他の仕事とは異なり、しっかりと知識・経験・スキルを身につけ、何がリスクとリターンを左右する鍵になるのか理解しないと、お金を稼ぐどころか大きな損失を被ることもある。

　僕もFXを始めたころは、どうすればお金が増え、どうすればお金が減るのか、この初歩的な仕組みさえ分かっていなかった。そんな状態で投資をすればギャンブルになってしまうのも当然だ。

　当時は苦手なファンダメンタルズの要素は全て無視して、チャートの動きだけを頼りにトレードしていたが、まぐれで儲けが出ても基本的にはリスクだらけで、リテラシーも何もなかった。だから、僕自身の経験も活かして、今からFXを始める人や始めたばかりの人、本気でFXで食っていこうと思っている人には、投資の世界におけるリスクは必ず知ってほしい。

　たとえば雇用統計に注目してトレードしたい場合、ファンダメンタルズを基に明確な判断基準を持ってトレードができるならばもちろん問題ないが、テクニカルを重視したスタイルの方にはおすすめできない。

　サラリーマンは自分の時間を切り売りして給料をもらう、基本

的に収支がマイナスになること
はない働き方だ。この感覚を前
提にすると、**損失をある程度許**
容しながらお金を増やしていく
投資にはなかなか慣れないかも
しれない。

　FXは資金にレバレッジをか
けると大きく稼げる反面、損失
が膨らむ可能性も十分にある。
いざ含み損が出てしまうとそれ
を認められず、本来であれば損
小利大の原則でトレードすべき
ところを、損ばかりどんどん被ってしまう人は多い。

　普段コツコツと働いている一方で一攫千金を夢見てFXにチャ
レンジする人には、一時的に損失が出る可能性は必ず念頭に置い
て、できれば堅実なトレードをしてほしいと思っている。

　また、もしあなたが単純に100万円が欲しいというなら、ア
ルバイトをした方が早いだろう。でも、**FXで稼いだ100万円は**
あなたの糧になり、成功体験になる。今まで給料を「もらう」こ
とが当たり前だった人は変化を感じるだろう。一つの成功は自信
に繋がる。稼げるようになれば「FXは難しい」というイメージ
から「FXは楽しい」となるはずだ。

　それでも、FXが楽しいと思っていたのに一転して、再びうま
くいかなくなる時期がくるかもしれない。そんなときでも、ギャ
ンブルになりそうな局面ではトレードを控えたり、マイルール通
りに損切りしたりできるようになっていれば、メンタルコント
ロールを上手にできている証拠。自分の勝てるトレードスタイル
を確立できたら、一時的に不調でも続けていれば調子が戻ってく
るだろう。**FXを限りなくビジネスに近づけるには自分自身と向**
き合うことが大切なんだ。

心がまえ 1-5 FXで成功する秘訣は 結果が出るまで続けること

 Q FXで勝つために「才能」は必要？

A **いいえ、才能より必要なのは コツコツ積み重ねる力**

　僕は、努力に勝るものはないと思っている。「自分は努力している」と自分で言えるくらいであれば、まだ真に努力しているとは言い難いだろう。

　FXは、結果が出るまでとにかくトレードし続けるしかない。お店を作っても接客スキルやノウハウのない状態ではお客さんが来ないのと同じで、FXにおいても自信もスキルもない段階では、何百万円、何千万円も資金をつぎ込んではいけないのだ。

　最初はお金をかけすぎず、自分に合ったトレードスタイルを見つけて勉強し、知識をつけ仮説を立ててチャートに臨むのが基本。FXではデモトレードが使えるし、資金は少額から始めて、少しずつ稼ぐのが着実な方法だ。

　勉強や検証は時給０円だが、それをどう楽しめるかによって、将来稼げる金額が大きく変わる。働いている限り時給０円の状況はありえないので発想の転換が難しいかもしれないが、そこを乗り越えられるかが大事だ。

　FXでは、負ける人間が９割、勝てる人間が１割と言われてるが、これには理由が二つあると思っている。一つ目は、シン

プルな勉強不足。投資初心者がFXや投資は楽に稼げるものだと勘違いし、お金に関する知識を正しく身につけないまま、値ごろ感でいきなりトレードを始めて資金を失い、退場してしまう。この流れは、今も昔も変わらずあるだろう。

　二つ目は「プロスペクト理論」と呼ばれる、人間が意思決定を行う際のメカニズムが関係している。FXは本来、１トレードで大きく勝つことを目標にはしない。損小利大を積み重ねて稼いでいくものだと僕は思っている。しかし、**いざトレードすると、無意識に損失が大きくなり、利益が小さくなる決断をしてしまう。**この事実を念頭に置いて、**自分なりのルールを仕組み化**していく必要がある。

　もしあなたがFXで本気で勝ち残りたいのであれば、ギャンブル感覚は捨てて、実需による指標や「効率的市場仮説」と呼ばれるファンダメンタルズを見る必要がある。

　FXには、テクニカル分析とファンダメンタルズ分析の２種類の分析方法がある。僕は前者に絞ってトレードをしているが、同じ方法を選んでいる多くの人が、チャートを正しく読むことができていないと感じている。

　FXのトレードでは、今この瞬間に上に動くか下に動くかを予測するだけではなく、**長期的な流れの中での短期的な波を把握**する必要があるのだ。期待値の高いトレードを繰り返していくと、自分の中で勝ちトレードのパターンが成立していくはず。レバレッジをかけたり、ロットを上げていくのはそれからで十分。

　お金はあとからいくらでも稼げる。まずは成功体験を積み重ねていこう。

安心の国内口座で無理のない運用を心がけよう

Q FXで成功するためにおすすめの口座は？

A よほど知識がある上級者か、特別な
事情がない限りは国内口座がおすすめ

　海外口座と国内口座ではどちらがいいですか？という質問をよく受けるが、個人的には国内口座をおすすめしている。実際に、僕も国内口座をメインで使っている。海外口座を使っていたこともあるけれど、まず母国語ではないことに抵抗があったし、大きな証拠金を預ける以上は信託保全の面においても国内口座がより信頼できると判断した。

　ただし、**海外口座も国内口座もそれぞれでメリット・デメリットはある。**現に、海外口座ではレバレッジを何百倍もかけられるため、少ない資金で大きく稼ぐことが可能。正確にはFXとは異なるが、参考までに、資金効率の高いトレードができて国内口座の安心感も兼ね備えている金融商品を紹介しよう。

　IG証券などが提供している「ノックアウト・オプション」だ。FXの場合、買いでは買いポジション、売りでは売りポジションを持つが、「ノックアウト・オプション」では売りの概念はない。買いと判断したら買い方向へのオプションを買い、売りと判断したら売り方向のオプションを買うイメージを持ってもらうと分かりやすいと思う。トレード方法はFXとほぼ同じだが、より資金

効率が良い方法だ。FXでいうところの証拠金を「ノックアウト・オプション」ではオプション料と呼ぶが、100ロットのトレードをするためにFXでは520万円必要なところ、オプション料は約14万円で済むケースもあるんだ。

　「ノックアウト」とはオプション料以上の損はでない損切りという意味で、資金管理さえしっかり行えば初心者でもリスクを最小化できるトレード方法だろう。指値と逆指値の設定も標準機能として付いていて、利益方向、損失方向それぞれに動いたときの動きと最大の損失額が数値として視覚的にも見え、分かりやすいチャートで安心してトレードできる。

　普段から堅実なトレードを心がけていて、かつ国内口座を使っている方で、トレードに自信がついてきたけれど海外口座を使うほどの資金がない場合、一度「ノックアウト・オプション」を利用してみると良いだろう。

心がまえ 1-7 トレードで成長するには他人に依存をしないこと

Q 「35万円で勝てる方法を教えます」
と言われたら……。払っても良い？

A 今は無料でも優良な情報が手に入る
僕なら払わず35万円を自己投資に回す

　まず「楽して勝てる方法はない」ことを念頭に置いてほしい。手法さえ身につければ稼げる、という考えで投資の世界に参加する人がいる限り、高額なスクール費を提示する業者はいなくならないだろう。もちろんその金額が妥当なこともあるかもしれない。しかし今の時代、必要な情報や手法は、お金をかけずに自分の力で掴み取ることも可能だ。**目の前の情報が自分にとって有益なのかそうではないのかしっかりと見極め、誰かに頼り切るのではなく自分の時間と労力を惜しまずに使って、着実に力をつけることが一番の近道**だと僕は思っている。

　FXを始めたばかりの頃は周りの人の言葉を鵜呑みにしがちだが、そうして稼げたとしても、長続きはしない。僕がそもそもFXの情報発信を始めたのは、自分のスキルを高めるためだった。人に教えるつもりで噛み砕こうとすると、自分でより深く理解できるようにもなるので、情報発信は最高の復習方法と言える。始めたころは実績が出るか出ないか、もし出ても不安定な状況で、最初は誰にも見てもらえない状態が続いたが、続けることで見てくれる人が増えてきた。コメントをもらうことも増え、自分の発信は誰かの役に立っているんだなと感じて自信になった。

心がまえ 1-8 FXで成功して手に入れた かけがえのないもの

Q FXで成功したら何を手に入れられる？

A 自由な時間と自由に使えるお金

　僕自身は、いつでも自由に使える時間が手に入った。雇用契約として守らなければいけない勤務時間がないため、自分のスケジュールは毎日自分で決められる。明日から海外旅行に行こうと思えば行けて、もし今日自分の父親が病気で倒れても駆けつけられる、そんな環境をつくりたかった。今でも思い出すのは、サラリーマン時代に祖父が急に体調を崩して亡くなったときのこと。僕は1日しか休みを取ることができなかったけれど、本当は、それまでずっと優しくしてくれた祖父に寄り添って、お葬式もお通夜も出て、家族とも一緒に悲しむ時間が欲しかった。それが悔しくて、自分で時間の自由を手に入れようとそのときに決めた。

　また、**成功してお金の使い方が上手になると、稼ぎ方も上手になってくる。**マネーリテラシーがない状態では、一度稼げるようになってもあとから税金が払えなくなる場合などもある。ただし、一時的にお金を使ったとしても資産として残る、という考え方は、自分でお金を稼いで、使って、失敗してを繰り返さないと気付けない部分だとも思う。僕の場合、FXを始めて得たものは、実際のお金より、その投資目線での考え方の方が大きいと考えている。

心がまえ 1-9 「やりたいことだけに時間を使う」これが僕の人生になった

Q FXで失うものはある？

A トレードごとに損失を限定すれば、ほぼ失うものはないと思ってOK

　FXはお金を減らすリスクがあるものだが、僕は普段から損小利大のトレードをしているので、私生活で失ったものは何もない。ある程度トレードの核心を掴むことができれば、1時間で安定的に5万円、10万円、あるいはそれ以上の金額を稼ぐこともできる（もちろんリスクヘッジは必要だ）。

　買う車の金額を上げていって、稼ぐ目的を作ることは僕にとっては重要なこと。ただ、もし**お金だけをたくさん持っていても人としての器がついてこないと、手に入れたものを大事にできない**と思う。

　サラリーマンのころは、ランボルギーニやフェラーリに乗りたい気持ちがある一方で、自分には釣り合わない、と自ら上限を作っていた。でも、欲しいものを目標にしてモチベーションにした結果、今まさに目指していたところに辿り着けている。

　良い大学を出て良い企業に入って、30〜50万円の月給で満足したらそこまで。貪欲に行動に移せば欲しいものは必ず手に入れられると見せることで、当時の自分や、まだ自分で稼げない学生たちに少しでも夢や希望を与えて、一人でも多くの人の人生を変

えられたら、と思っている。

　欲しいものを買ってSNSに上げている僕の姿は「お金持ちアピール」に見えることもあるかもしれないが、実際に**自分も他の人に煽られながらここまで来られた側面もあるため、たとえ悪役を演じることになってもそういう存在になりたいと思っている。**

　ここまで読んだあなたは一歩を踏み出す準備ができているはず。何かを始めるときには最初からできないと思い込むより「自分はできる」と思って行動すれば案外うまくいくもの。そして、インプットとアウトプットを徹底的に繰り返して成功する、これを繰り返していけば次第に自信がつき「結果を出すまで取り組み続ける自分」と出会えるだろう。

　FXも最初から上手な人は滅多にいない。僕だって遠回りをして成績が安定するようになった。**成功の秘訣は途中で諦めず結果が出るまでとにかくトレードを続けたこと。**

　だから僕は、これを読んでくれた人がFXをしてトータルで勝てるようになって「やりたくない労働に貴重な時間を費やす人生」から「やりたいことだけに時間とお金を使う人生」にシフトしてほしいと願っている。

【漁師流】FXの勉強に集中するコツ

　これから本格的にFXの勉強をするために、集中できる環境を整えようとしている人は多いと思う。そこで僕からちょっとしたコツを伝授したい。

　分かりやすくするために、人間の脳をパソコンに例えて考えてみよう。人間が思考するときに使う前頭葉をパソコンの頭脳ともいえる「CPU」として、やるべきことや気になることを短期的に記憶する海馬をパソコンの「メモリ」として考える。

　パソコンでたくさんのアプリを開いている状態だと、動作が重くなり最悪の場合パソコンが固まってしまうことがある。メモリ不足でCPUまで動かなくなってしまう状態だ。これは僕たちが「今やるべきことがあるのに、悩みがある状態」に似ている。

　たとえば「部屋を片づけなければいけない」「借りた本を返さなければいけない」などのタスクがあると他のことに集中できなくなる。この状態でFXの勉強をしても全力では取り組めないだろう。重くなったパソコンを軽くするためには、アプリを閉じる。脳も同じで、小さなタスクを終わらせて脳のメモリをスッキリさせることで、最高のパフォーマンスを発揮できるようになり、勉強も集中して行うことができる。

　FXで早く結果を出したいと思っているなら、できることから手を付けて早く終わらせる癖をつけよう。常に脳の状態をリフレッシュさせることで、飛躍的に勉強の効率も上がるはずだ。

第2章

相場の荒波に屈するな
10分でFXの本質が
分かる基礎トレ

基礎知識 2-1 海外旅行で外貨両替 考え方はFXと一緒！

Q そもそもFXってなに？

A 通貨ペアを売買したときの差額を狙う取引のこと！

　FXは「Foreign eXchange」の略称で「外国為替証拠金取引」のことを指しているんだけど、言葉だけを聞いてもピンと来ない人もいるかもしれない。簡単にいえば、日本（＝円）と米国（＝ドル）などの２つの通貨（通貨ペア）を売り買いしたときに発生する差額が利益になったり、損益になったりする取引のことを指している。また、**FXの魅力は証拠金の何倍にも相当する資金を動かして取引ができる、レバレッジ効果を望めること**。ただし、レバレッジをかけすぎるとリスクも上がるので注意しよう。

　FXをもっと身近に感じるために、海外旅行をイメージしてほしい。たとえば、日本から米国へ行く時、１ドル＝130円で米ドルを買ったとする。しかし、帰国して米ドルを円に交換してもらおうとしたら１ドル＝127円の円高になっていた。あなたは３円損してしまったことになる。「たかが３円」と思う人もいるかもしれないが、100ドルを円に交換したら「３円の損失額×100ドル」で300円、1000ドルだと3000円の損になる。反対に１ドル133円の円安になっていたら３円得したことになるので、あなたの収支はプラスになるというワケだ。FXはこの取引をFX会社を通じて行っている。

旅行の場合 得する？ 損する？

Q 出発時1ドル＝140円で円で米ドルを買った。

数カ月後、1ドル＝145円の時に持っていた米ドルを円に交換したらどうなる？

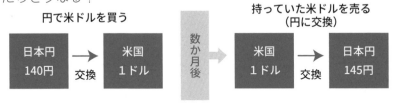

A 今回の場合は円安になっているので5円得したことになる。5円の差額が利益になるので、あなたが1000ドル持っていて円に交換しようとしたら5000円の利益になる計算だ。

 ## FXの場合 得する？ 損する？

Q 1ドル150円のときに米ドルを円で買った。

数日後、1ドル149円になっていた。

このタイミングで持っていた米ドルを売るとどうなる？

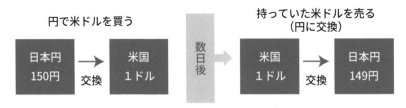

A FXも旅行時の外貨両替と同じ考え方なので1円損したことになる。旅行と違うのは資金の何倍もの金額を動かせるレバレッジが効くということ（レバレッジについては後ほど解説する）。

基礎知識 2-2 FXは世界中にまたがる 24時間動くマーケット

Q 日本円が「主役」となる時間帯はいつになる？

A 日本円の主役は朝8時〜昼3時ごろ！

　日本の株式投資は午前9時〜11時30分までの前場、午後12時30分〜15時までの後場での取引になるが、FXは平日ならほぼ24時間取引可能だ。その理由は、日本株が株式の売買を行う東京証券取引所を介して取引を行うのに対し、**FXは世界中の銀行などの金融機関が、外貨や短期資金を取引する銀行間為替市場（＝インターバンク市場）に参加することで取引が可能**となるから。

　しかし、どの通貨も24時間活発に値動きがあるかというとそうでもない。それぞれの国の株式市場がオープン〜クローズする時間帯はその国のプレイヤーが多くなり、通貨の価格（レート）が動きやすいので、時間帯によって主役になる市場が異なる。

　では、日本円が主役になる時間帯がいつかというと……。勘が良い人はもうお分かりだろう。**東京証券取引所が開く前の8時〜取引が終わる15時ごろ**だ。その後、**夏時間16時〜翌2時（冬時間は17時〜翌3時）は「ロンドン時間」**と呼ばれ、ユーロやポンドが主役に。

欧州の株式市場が開くタイミングで、欧州勢がプレイヤーとして参加する。さらに、米国株式市場のオープンに合わせて**21時〜翌6時ごろは「NY時間」と呼ばれ、米国が主役に。**日本時間の21時〜翌2時ごろまではロンドン時間とNY時間が被っているため、最も値動きが激しい時間帯といわれている。

つまり、それぞれの国で太陽が昇って人々が活動している時間帯が、その通貨の主役時間というワケ。アジア勢にとって、最も値動きが活発になる市場時間は夜で、通常なら休んでいる時間帯。日常生活も大切にしつつ、トレードライフを送るのが理想だから、ロンドン時間・NY時間に取引をするなら、しっかり戦略を立てる必要がある。睡眠時間を削ってトレードをしても判断力は鈍るだけ。時間帯の特性を理解するのは大事だが、自分に合ったトレードスタイルを確率できるようにしよう。

世界三大市場の時間帯

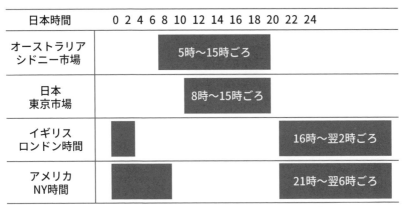

日本時間	0 2 4 6 8 10 12 14 16 18 20 22 24
オーストラリア シドニー市場	5時〜15時ごろ
日本 東京市場	8時〜15時ごろ
イギリス ロンドン時間	16時〜翌2時ごろ
アメリカ NY時間	21時〜翌6時ごろ

世界中のどこかで常に取引が行われている為替市場。中でも有名なのは東京・ロンドン・NYだ。東京市場がクローズしている時間帯でもロンドン〜NY時間で値動きが活発になるのが特徴。

メインの市場が変わると値動きも変化する理由

Q プレイヤー入れ替わりで何が起こるのか？

A 参加者の属性が代わり、それまでの値動きが変化するかも

　それぞれの国の証券取引所が開くタイミングでその国の通貨が主役になることは説明したが、時間帯によって主役が代わることで何が起きるのか、何に警戒が必要かを考えて欲しい。

　市場が切り替わるということは、参加するプレイヤーの属性（思考）が変わる。すると、値動きがそれまでとは一変する可能性があるのだ。

　たとえば、日本時間でドル円を取引していて、円安に進んで大きな利益が出ていたのにも関わらず、米国時間では円高に傾き、一転して含み損になってしまった……なんてことは珍しくない。日足・週足などの長期足でスイングトレードをしている人には、想定内の値動きかもしれないが、デイトレやスキャルピングを主にトレードしている人にとっては大打撃になりかねない。

　そうならないためにも、**市場が切り替わる前に利益を確定させておくのも手。**相場の流れに一喜一憂して感情を乱されないようにする術を身につけよう。

東京～ロンドン～米国時間での変化①

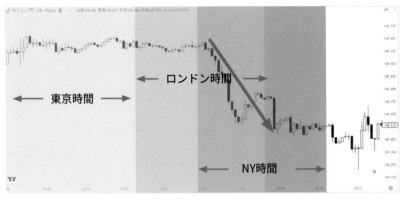

2023年10月9日の値動きを15分足で見たもの。東京時間～ロンドン時間前半はあまり大きく価格が動くことはなかったレンジ相場だったが、NY時間に突入すると急落しているのが分かる。

東京～ロンドン～米国時間での変化②

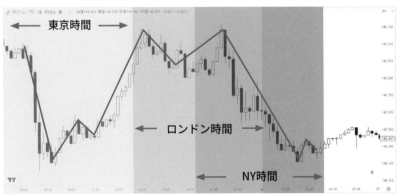

上記と同年の10月5日のドル円15分足チャート。東京時間で値を下げて数時間かけて戻したものの、NY時間で再び急落。もし、東京時間で米ドルを買ってそのままにしていたら、デイトレプレイヤーにとってはきつい展開になったことだろう。

順張り・逆張りを併用
相場の理解が勝率を上げる

Q 順張り・逆張りが有効な相場は？

A 順張りはトレンドが出ているとき、
逆張りはレンジ相場で有効！

順張りとは価格が上昇しているときに「買い」、下がっているときに「売り」を入れ、流れに逆らわないこと。逆張りは、価格が上がっているときに「売り」、下がっているときに「買い」を入れることを指している。

使い分けとしては、**トレンド相場では順張り、レンジ相場では逆張り**をするのが最もポピュラーだろう。

たとえば、上昇トレンドが出ているときに、「このあたりから下がるだろう」と逆張りしたらどうなるか。運が悪ければ大きな損失を出すことになるのは容易に想像ができる。価格がどこまで上がるか、どこまで下がるかを予想するのは難易度が高く、トレンド相場で逆張りをして大きな損失を出してしまうトレーダーは少なくない。

一方で、レンジ相場のときはトレンドフォローの手法で順張りすると高値掴み・安値掴みをしてしまう可能性がある。逆張りをする場合は、チャート分析を行ったときにレンジ相場であることを確認してからエントリーするようにしよう。ただし、レンジ相場と思っていてもレンジから価格が上抜けしたり、下抜けしたりすることはある。レンジ相場もいつかは終わると覚悟して逆張りをしよう。

順張りが有効なチャート（トレンド相場）

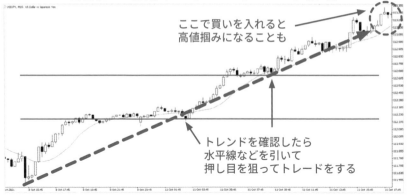

ここで買いを入れると
高値掴みになることも

トレンドを確認したら
水平線などを引いて
押し目を狙ってトレードをする

　上記はほとんど価格を戻さずに上昇トレンドが発生している
チャート。トレンドで順張りすると大きな利益につながりやすい
一方で、上がり切ったところで順張りに沿ったポジションを持っ
てしまうと高値掴みをしてしまうことがあるので注意。下降トレ
ンドに乗る場合は今回と逆バージョンと考えれば良い。

逆張りが有効なチャート（レンジ相場）

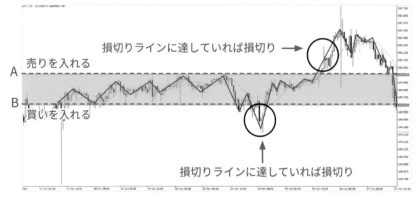

損切りラインに達していれば損切り

売りを入れる

A

B

買いを入れる

損切りラインに達していれば損切り

　レンジ相場を確認したらAの破線付近で売り、Bの破線付近で
買いを入れる逆張りを繰り返すと利益につながりやすい。ただし、
必ずしも想定したボックスの中で動くとは限らないため損失が出
ることも。レンジ相場もいつかは終わるので、損切りをしっかり
できるようにしておこう。

新規エントリーと決済 トレードに合わせた選択

Q 新規エントリーってなに？

A 「買い」「売り」どちらかの ポジションを持つこと！

　ドル円で取引する場合は、円を米ドルに交換することを「買い（ロング）」、米ドルを円に交換することを「売り（ショート）」と呼び、FXにおける新規エントリーは、買い・売りどちらかの注文を出すことを指している。そして、**注文が約定して通貨ペアを買っている、または売っている状態になっていることを「ポジションを保有」と呼ぶ。**

　また、ポジションを持ったら、必ずいずれは反対売買（決済）を行い、利益か損失を確定させる。ここまでがFXの基本的な流れ。

　また、注文・決済もさまざまな方法があるため、自分に合ったものを見つけよう。基本的にはどのFX会社を使っても、**成行、指値・逆指値、IFD、OCO、IFOなどの注文方法がある。**

　成行はその時の市場価格で、売買を成立させる方法のこと。指値は指定の価格以下で買い、指定の価格以上で売りを入れること。一方で、逆指値は指値の反対で、指定の価格以上になったら買い、指定の価格以下になったら売りを入れることを指す。

　IFDは、新規注文と決済注文を同時に発注することができる方法。たとえば「現在の価格は130円だけど129円になったら新規で買いを入れて、その後131円になったら決済したい」とい

う場面で使うことができる。

OCOは２つの注文を同時に出して、どちらかが成立すると片方は自動的にキャンセルされる注文方法のこと。例でいうと「現在の価格は130円だけど、このあと価格が128円になったら買いたい。でも逆に132円になったら売りたい。どちらかが約定したら片方はキャンセルしたい」という願望を叶えてくれる（決済での使用が多い）。

IFOは、IFDとOCOを組み合わせた注文のことで、新規エントリーから、利益を確定する指値、損切りを行う逆指値を指定することで、自動で一連の取引を成立させる方法のこと。

FXは「チャートに張り付いていなければならない」というイメージを持っている人もいるかもしれないが、**自分にあった注文方法でトレードをすることで、四六時中チャートを見なくても取引を完結させることが可能**だ。

成行	指値	逆指値
今すぐエントリーまたは決済したい	「〇〇円以下で買う」「〇〇円以上で売る」エントリー・決済で使用	「〇〇円以上で買う」「〇〇円以下で売る」エントリー・決済で使用

IFD	OCO	IFO
新規注文と決済注文を同時に発注	二つの注文を同時に出す一方が成立したら片方はキャンセルされる	新規エントリー→決済（利益確定・損切り）を自動で行う

【チャートの見方】時間足の種類を知る

Q 時間足ってなに？

A 時間単位の値動きを
ローソク足で表したもの！

　ローソク足１本１本のことを「足」と呼び、「月足（つきあし）」「週足（しゅうあし）」「日足（ひあし）」「４時間足」「１時間足」「30分足」「15分足」「５分足」「１分足」などがある。チャートツールによっては「３時間足」「２時間足」「秒足」があることも。

　スイングトレーダーはもちろんだが、多くのデイトレーダーも**まずは上位足と呼ばれる月足や週足、日足などを確認**する。長期的なトレンドは上位足で確認する方が分かりやすく、**下位足になればなるほどダマシがあるからだ。**

　また、日足のローソク足を一つとっても情報がギュッと詰まっているのが分かる。試しに右の図★のローソク足が何を指しているのか見てみよう。ローソク足には上昇を示す「陽線」と下落を示す「陰線」があり、★は陰線にあたる。★の１本のローソク足から読み取れるのは高値が144円201銭で、始値は144円049銭、終値と安値が142円53銭だったということ。１本でこれだけの情報が詰まっているので、長期足で見たトレンドや前日の情報などを読み取り、トレードの参考にする。さらに①を切り取って見てみると、６日連続で下落していることも確認できる。

【日足のチャート】

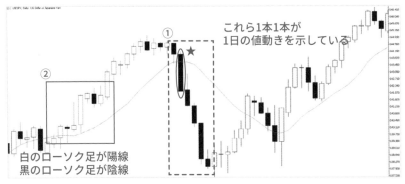

これら1本1本が
1日の値動きを示している

白のローソク足が陽線
黒のローソク足が陰線

　破線で囲った枠内①に陽線がないため、1日も反発せず落ち続けたことが分かる。実線で囲った枠②は上昇中の局面だが、それでも陰線を混ぜながら上昇。ここと比べても分かる通り、破線内の下げには勢いがあったと判断できる。

【ローソク足の見方】

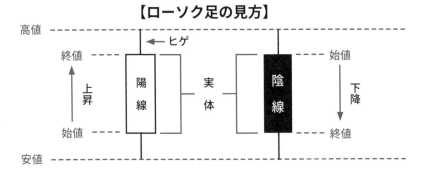

高値

終値　←ヒゲ

上昇　陽線　実体　陰線　下降

始値

始値

終値

安値

　ローソク足は始値と終値の価格を長方形で囲んだもの（実体）。上下に伸びた線は「ヒゲ」と呼び、その長さによって値動きに勢いがあるかを見る。ヒゲが全くなく、実体だけのときもあれば、上だけ、あるいは下だけにヒゲがついているときもある。

【チャートの見方】
トレードの種類を知る

Q デイトレをするならどの時間足をチェックすれば良い？

A

最低でも日足〜5分足をチェック！

　まずトレードスタイルには複数あることを説明する。僕が主にやっているのはデイトレードで、このトレードスタイルではエントリーから決済をその日中に完了させる。そのほかにも、数秒から数分でトレードをするスキャルピングを行うこともある。

　デイトレードもスキャルピングも時間足を下位足（15分足・5分足・1分足）まで落とし込んで見るのが特徴。さらにデイトレードに比べてスキャルピングは細かく値幅を狙っていくから、トレード回数が多くなる。

　一方、スイングトレードは数日から数週間ポジション保有すること。ポジショントレードは数週間から数か月間ポジションを保有するトレードスタイルのことを指す。スイングトレードやポジショントレードでは、多少のレート変動に一喜一憂しない資金力も必要だ。

　また、2国間に金利差が生じることによって得られる利益「スワップポイント」を狙う人は、ポジションの保有時間が長い。金利差が開くと金利の低い国の通貨の価値が下がり、高い国の通貨の価値が上がる傾向にあり、2022年から急激に円安が進行したのもこれに起因していた。だから、ポジションを長期保有する場合はそれぞれの国の情勢などを分析し、ファンダメンタルズを考慮した上でトレード戦略を組む必要がある。

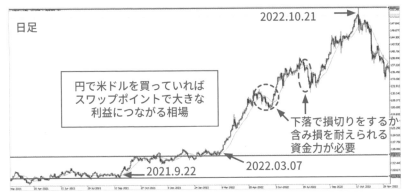

日足

2022.10.21

円で米ドルを買っていれば
スワップポイントで大きな
利益につながる相場

下落で損切りをするか
含み損を耐えられる
資金力が必要

2021.9.22

2022.03.07

　2021年から徐々に円安へ傾きはじめ、チャートは2022年3月からFRB（＝米国連邦準備制度理事会）の利上げを織り込む形に。さらに同年10月にかけて米ドルが暴騰した。ポジショントレードでは、今回のようなファンダメンタルズの要素を常に考えてトレードをする。

初心者にオススメなのはデイトレ

1時間足

この値幅を狙う

　初心者の方に僕がオススメしたいのはデイトレード。狙いを定めたら数分から数時間で決済するようにしていて、上記のチャートであれば破線の値幅を狙う。

　この日は破線内でエントリー決済を行っていれば、約8時間ポジションを保有し、プラスで終えられることになる。

基礎知識 2-8-1 基本のチャートパターンからサインを見つけよう

Q チャートパターンをなぜ覚えるの？

A チャートパターンを知ることで
トレンド継続や反転を予測できるから！

　チャートパターンには、トレンドの上昇・下降の終わりを告げるサインとなるものや、トレンド上昇・下降が継続すると予測できるものなどがあり、トレーダーに数多くのヒントを与えてくれる。

　しかし、**トレードをするときに必ずしもそのタイミングのエントリーに優位性があるとは限らない。**代表的なチャートパターンが現れていた場合も、買いを入れるのか、売りを入れるのか、それとも静観するのか、それを決める判断材料の一つに過ぎないんだ。特別な計算式などは使わないため難しくはないが、リアルチャートでそれらの形が見えるように訓練する必要がある。

　ここでは代表的なチャートパターンを説明するので、それを見て覚えたら練習問題を解いてさらに自分の中に落とし込むようにしよう。

42

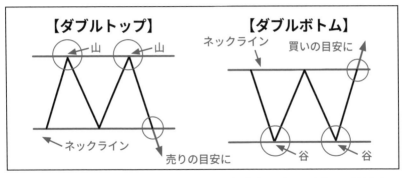

　チャート上に形成される山や谷が連続すると、流れが反転することがある。ダブルトップはふたつの山の高さが同程度の高さであることが条件で、売りポジションを持つ目安になる。ダブルボトムの形では、二つの谷の深さが同じぐらいになっている。ネックラインと呼ばれる山に対する谷、谷に対する山を超えると、値動きがさらに加速することがあるので覚えておこう。

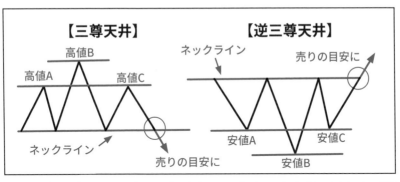

　真ん中が高く、両脇が同じぐらいの高さの山を見つけたら「三尊天井」が発生したと判断。その後、売り優位になる可能性が高い。逆に真ん中の安値が一番安く、両脇が同じぐらいの深さの谷を見つけたら「逆三尊天井」と判断。買いシグナルの目安にする。

　また、この二つに似た形として「トリプルトップ」「トリプルボトム」がある。考え方は同じだがこれらは３つの山（または谷）の高さ（深さ）が全て同程度であるのが特徴。

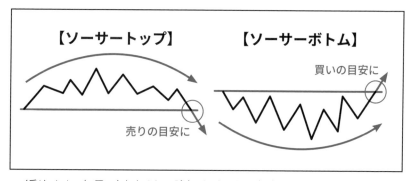

緩やかに上昇（または下降）した後、価格がもみあっている状態を確認したらソーサートップ、ソーサーボトムと判断できる。高値と安値が切り下がっているのを確認できたら売りのシグナルに、高値と安値が切り上がっていたら買いのシグナルが出ていると判断。

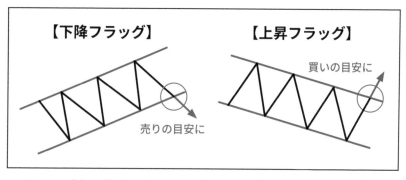

フラッグとは旗のことで、上昇でも下降でも、上値・下値それぞれを結び、反応していることを確認する。下降フラッグは右肩上がり、上昇フラッグは右肩下がりになっていて、斜めに引いたラインをブレイクした方向へエントリーする。

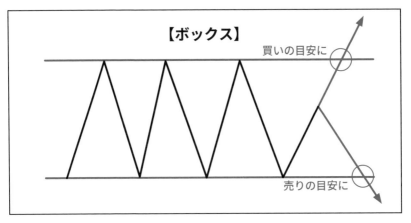

水平線を引いたとき、一定の範囲で上へ行ったり下へ行ったりする形を描くのが特徴。「レンジ」とも呼ばれ、チャート上でよく見る形だ。上値と下値の水平線をどちらか抜けた方向が買い・売りのシグナルとなる。

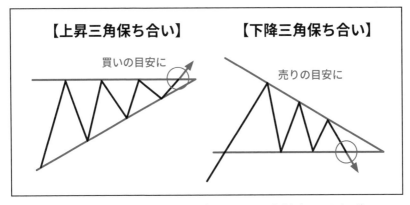

高値がほぼ同じ価格帯で頭打ちとなり、安値を切り上げている状態を「上昇三角保ち合い」と呼び、上に抜ければ買いシグナルが出ていると判断。「下降三角保ち合い」は安値がほぼ同じ価格帯で推移し、高値が切り下がっている状態のことで、下に抜ければ売りポジションを持つか検討する。

基本のチャートパターンから サインを見つけよう（練習）

Q どこでエントリーするの？

A

ラインをブレイクしたときか、
ライン付近にも価格が戻ってきたとき！

　チャートパターンを見るために水平線を引こう。エントリーは、その水平線を上下どちらかにブレイクしたタイミングで行う。しかし、水平線のブレイクがダマシで、価格が反転する可能性も視野に入れなければならない。できるだけダマシを回避したいという人は水平線をブレイクしたら、下の図のように価格が戻ってきてからエントリーをするという方法もある。

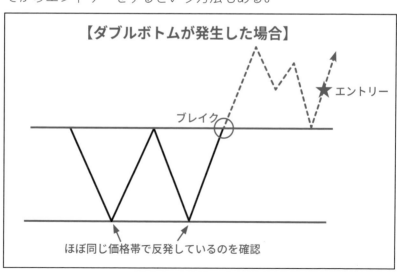

【ダブルボトムが発生した場合】

ブレイク

エントリー

ほぼ同じ価格帯で反発しているのを確認

この場合、あなたは買う？　売る？　静観？

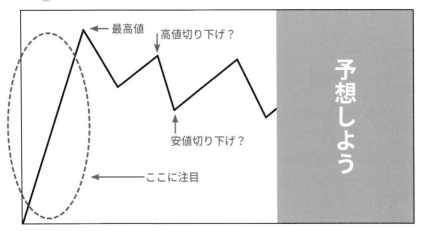

急上昇によって高値を更新。上昇相場だったため、このままトレンドが続くかと考えるトレーダーが多いだろう。しかし「高値と安値を切り下げている」とも見えるし「もみあっている」ようにも見える。この場合、買いか、売りか、それとも静観か。

【ヒント】高値と高値、安値と安値にラインを引いてみると、視覚的に見やすくなる。

【あなたの予想をここに書こう】

基本のチャートパターン、上昇フラッグでは買い

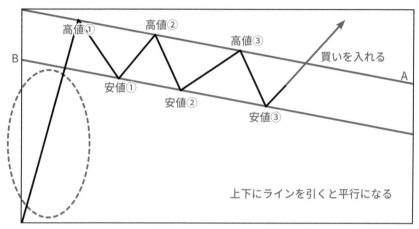

A. 上昇フラッグが出現していたので「買い」を入れる。

　破線で囲った急上昇部分は上昇フラッグにつながる動き。価格がもみあっていたため、続伸する可能性が高い相場だ。急上昇の部分と平行のラインが旗のような形に見えたら「フラッグかもしれない」と判断するのも◎。

　上昇の波からもみあいになったことが分かる。さらに高値①〜③、安値①〜③をそれぞれ結んでみると、上下のラインが平行になっていた。**Aのラインをブレイクしたら買い**を入れたい局面だ。

　ただし、**Bの斜めの線を抜けると強い下降トレンドになる場合もあるので注意**してトレードを行う。

この場合、あなたは買う？　売る？　静観？

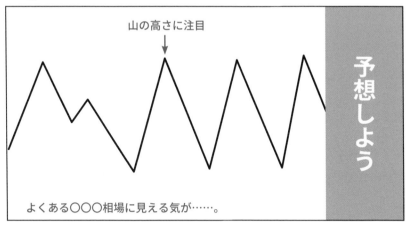

山の高さに注目

よくある〇〇〇相場に見える気が……。

予想しよう

　今回は大きな下降トレンドが終了した後と仮定する。トレンドが継続するのか、それともトレンドが終了するのか、何を見て判断すべきなのか考えてみよう。上記のチャートの場合は買うか、売るか、それとも静観するか。

【ヒント】ある価格帯に近づくと上昇、下落しているのを確認。方向感が出ていないように見える相場だが……。

【あなたの予想をここに書こう】

基本のチャートパターン
ボックスが続くほど大きく動く

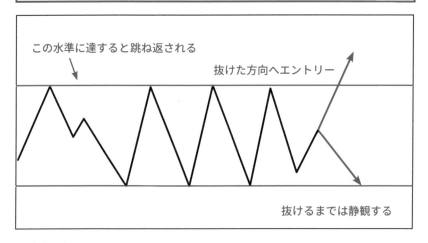

この水準に達すると跳ね返される

抜けた方向へエントリー

抜けるまでは静観する

A.静観する。

　この形を見て分かることは「もみあっている」ということ。どちらに抜けるかは誰にも分からないので、高値掴み・安値掴みをしないように注意。

　上下のネックラインに水平線を引くと、上下に行ったり来たりしているのが分かる。ボックス内でレンジ相場を形成していると判断。

　どちらかに抜けるまではトレードをせずに静観することにした。ちなみに、ボックス内では上の水平線付近で売り、下の水平線付近で買いを入れるやり方もあるが、予想と違う方向へ動いたときにはリスクになるのでロット数を調整して戦略を立てて行うこと。

　また、一般的には価格がもみあう時間が長ければ長いほど、上下どちらかの水平線をブレイクしたときの値動きの幅が大きくなると言われている。

この場合、あなたは買う？　売る？　静観？

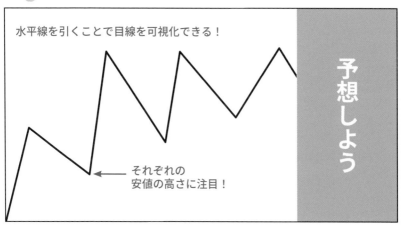

水平線を引くことで目線を可視化できる！

それぞれの
安値の高さに注目！

　安値を切り上げているように見えるチャート。斜めにラインを引くのか、それとも水平線を引くのか相場状況によって使い分ける必要がある。今回の場合はどちらも使えそうだ。では、ここで買うか、売るか、それとも静観か。

【ヒント】上昇を目指すも何度も跳ね返されているのを確認。高値と高値、安値と安値を結んでラインを引いてみると……。

【あなたの予想をここに書こう】

基本のチャートパターン
上昇三角保ち合いは買いのサイン

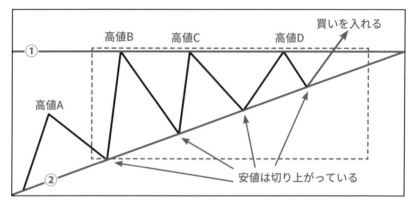

A.上昇三角保ち合いを確認したので「買い」を入れる。

　高値B・C・Dが同じ価格帯で跳ね返されていたので水平線を、安値は切り上げていたので斜めにラインを引いてみた。すると、上昇・下落の値幅が狭くなってきているのが視覚的に分かりやすくなったと思う。この形は三角保ち合いと判断。

　高値Aから高値Bへの高値更新を確認したが、上昇しても①の水準に達すると跳ね返されて下落している。上値が重いと考える局面でもあるが、安値は切り上がっているので上昇三角持ち合いと判断。上昇の勢いを溜めていると考え「買い」でエントリーすることにした。

　もし②の斜め線をブレイクした場合は下降に勢いがつく可能性があるので、買いのポジションを持っていたら損切りを検討する。また、②の水平線をブレイクしたからといって、間髪入れずに売りポジションを持つとダマシにあって損をすることもあるので注意しよう。

リアルチャートを見てみよう

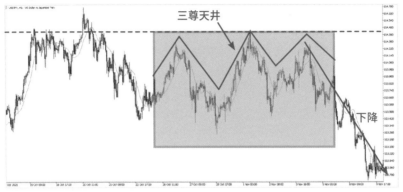

三尊天井

下降

　今回の場合は枠で囲んだ中の山に注目した。真ん中の山が一番
高く、両脇の山の高さはほぼ同じ。これは三尊天井の典型的な形
なので、ほかの判断材料と照らし合わせつつ確信を持った上で「売
り」を入れていれば、利益につながる相場だっただろう。

　リアルチャートで見てみると、ヒゲや実体も含めて判断するた
め、いびつな形も多く、最初はどんなチャートパターンが潜んで
いるのか分かりづらいかもしれない。

　しかし、パターンを覚えた上でチャートと向き合っていれば必
ず見えてくるものがあるはずだ。勉強に使うのは過去のチャート
でも、リアルタイムのチャートでもどちらでも良い。後者の場合
は先が見えないので常に値動きを予想して、あとで答え合わせを
行おう。

　リアルトレードは瞬時の判断が必要だ。しっかり生きた学びを
続けて、トレードの成績を安定させよう。

損益の計算方法を覚えよう！資金管理の基本

Q 1万通貨取引の1銭の値幅はいくら？

A 1万通貨の場合、1銭（1pips）の値幅は100円！

　FXの本質であるお金の話。考え方をマスターして、損失許容額を決めてから、損益の計算もできるようにしよう。

　僕はトレードをする上で、**1回の損失額を資金の1〜2％**にとどめることにしている。例えば、資金が200万円だったら2万円〜4万円、500万円だったら5万円〜10万円だ。

　ただし、FXは価格変動（ボラティリティ）が大きいときと小さいときがあるため、**毎回同じロット数で取引するのは危険**だ。資金管理を徹底するため、**ポジションサイズは損切り幅から逆算して決めることを僕はおすすめしたい。**そのためにも損益計算の公式を覚えよう。手数料は考慮せず、円が絡む通貨ペアに限られるが、「1万通貨で1銭の値幅＝100円の損益」「1万通貨で1円の値幅＝1万円の損益」だ。

　僕はトレードシナリオを描くことを大切にしているから、エントリーする前から損切り許容額を決めている。負けたときのシナリオを描いて損切り価格を決めているから、負ける金額はいつも想定内だ。

損益計算の基本の公式

公式 1万通貨の1銭（1pips）の値幅＝100円
※円が絡む通貨ペアのみで、手数料は考慮しない

1000通貨取引の値動き	10万通貨取引の値動き
1銭（pips）動くと10円	1銭（pips）動くと1000円
100pips（＝1円）動くと1000円	100pips（＝1円）動くと 10万円

今は1000通貨から取引できるＦＸ会社が多いため、少額から取引できるが、自分の資金がいくらになろうとも損失許容額は考慮しなければならない。戦略を立てる上でもこの公式は必須となるため、必ず覚えるようにしよう。

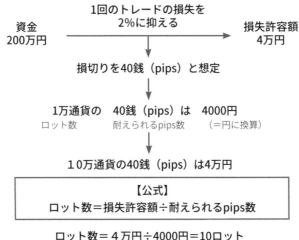

ロット数を決める考え方

資金
200万円

1回のトレードの損失を
2%に抑える

損失許容額
4万円

損切りを40銭（pips）と想定

1万通貨の　　40銭（pips）は　　4000円
ロット数　　耐えられるpips数　　（＝円に換算）

10万通貨の40銭（pips）は4万円

【公式】
ロット数＝損失許容額÷耐えられるpips数

ロット数＝4万円÷4000円＝10ロット

戦略に合わせてロット数を変えれば、損失額は限定できる。特にスキャルピングでは瞬時の計算が求められるため、暗算で計算結果を導きだせるようになろう。

Q1

資金が500万円で損失許容額を2%に抑え、50pipsで損切りする場合何万通貨取引になりますか？

1万通貨で取引するトレードを想定して考えてみよう。

【あなたの答え】

Q2

資金が60万円で損失許容額を1%に抑え2万通貨取引の場合、何pips耐えられますか？

1万通貨で取引するトレードを想定して考えてみよう。

【あなたの答え】

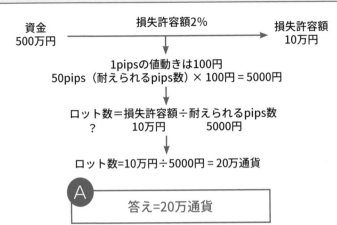

損失許容額 10 万円の場合 1 ロット（ 1 万通貨）で 1000pips 耐えられるので、50pips 耐える場合は 20 万通貨入れることができる。

Q2 の答え

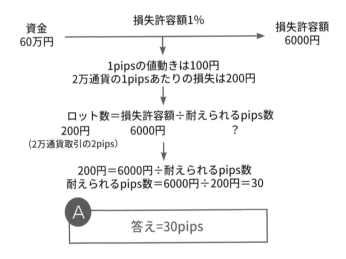

損失許容額 6000 円の場合、 1 ロット（ 1 万通貨）だと 60pips 耐えられる。今回は 2 ロット入れる設定のため、その半分である 30pips を損失許容範囲とする。

第2章

相場の荒波に屈するな 10分でFXの本質が分かる基礎トレ

57

FXで稼ぐ方法は意外とシンプル

　「FXで稼ぐ」この方法は実はとてもシンプルだけど、なぜか多くの人は難しく考え、ノウハウや知識を追い求めて多すぎる情報のなかで溺れてしまう。

　勝ちトレードで活きるのは、**知っている情報量よりもどれだけ手法を自分のものにしているか**。僕はダウ理論、水平線、マルチタイムフレーム分析、移動平均線をマスターできればテクニカルでのトレードで勝つには十分だと考えている。さらに**「相場参加者の心理」**を判断することができれば、最強の裁量トレーダーになれるだろう。

　あなたはあなたの理想に辿り着くため、FXという船に乗っているとイメージしてほしい。海の波は静かなときもあれば大荒れしているときもある。波の方向も西かと思ったら東へ急に流れが変わったり、北かと思えば流れが止まったり……。この動きは相場の流れと似ている。

　漁師だった僕は、収穫を多く得るために天候や波、潮目を読んで、最適な方法を選択していた。当時の相手は自然だったけれど、FXで読まなければならないのは人間の思考。猛威を振るうこともある大海原に比べると、FXの方がはるかにリスクを管理しやすく、流れを読みやすい。

　そう考えると、自分にもできそうな気がしてきたのではないだろうか。気合を入れたら、FXも大荒れで急落や急暴騰することがあると心に留めておかなければならない。足元をすくわれて溺れてしまわないよう、**自分のトレードがシンプルになるよう整理して、リスク管理をしっかり行おう**。

第 3 章

波の動きと
潮の流れを読め
環境認識は
トレードの羅針盤

環境認識編
3-1 環境認識の重要性！損小利大を目指すには？

Q 環境認識でなにが分かる？

A 取引をしたい通貨ペアの方向性を知ることができる！

　FXは上がるか下がるかの2択だから、単純に考えると勝率は五分五分。しかし、実際に何も考えずにトレードをすると、資金はあっという間に底をついてしまう。僕自身も、FXを始めたばかりのころは環境認識などをせずに、1分足や5分足を見て思うがままにトレードをしていた。勝ったり負けたりを繰り返しながら、トータルではお金が増えず再現性のないトレードを繰り返していたのだ。これを続けても意味がない。

　トータルで資金をプラスにするには、損失よりも利益が大きくなるよう戦略を立て、その戦略でトレードを繰り返し、再現性を高めていかなければならない。「まぐれの勝ち」は全く意味がないことに気付いた。

　試行錯誤の結果、**再現性を高めるトレードに必須なのは「環境認識」**だった。環境認識とは、選んだ通貨ペアが上下横ばい、どこへ向かおうとしているのかを知り、現在のレートがどの水準にあたるのかを判断すること。上位足から下位足を見て、各時間足の方向感を見極めて作戦を練る。

上位足と下位足が同じ流れになっていることもあれば、上位足では上目線だが、下位足では下目線で時間足同士で方向感が合わないことだってある。それはトレンドの転換期なのかもしれないし、レンジ相場になっているだけかもしれないが、いずれにしても各時間足の相場環境を知ることで、どこでエントリーをして損切りをするのか、もしくはエントリーをしない方が良い状況なのかが見えてくる。**環境認識を行うことで「ギャンブルトレード」を少なくできるし、勝負のシナリオを立てやすくなる**ので、再現性の高いトレードが可能になるというワケだ。

　そして、**環境認識をする上で僕の土台になっているのはダウ理論。**移動平均線を使ったり、一目均衡表を見たり、それぞれやり方はあるだろうが、僕なりのダウ理論を極めたことで、勝率は高くなっていった。僕のやり方については次のページから説明していく。

環境認識からトレードの流れ

各時間足の方向性を確認

↓

トレートシナリオの作成

↓

エントリーポイントを決める

↓

利益確定・損切りする価格を決める

↓

リスクリワードレシオの算出

↓

ポジションを持つ

↓

決済する

　環境認識を行ってエントリーするべき位置が分かったら、そのレートになるまで「待つ」のもトレード。せっかちにポジションを持たないように気を付けよう。

Q 上昇トレンドの終了はどうやって判断する？

A 直近の高値と安値が一つ前の
高値・安値よりも
安くなっていたらトレンド終了

　ダウ理論とは、投資の世界で功績を残したチャールズ・ダウ氏が考案したマーケット理論のこと。今も多くの人がダウ理論を意識しているので、この考え方を取り入れることで勝率は上がるはずだ。

　基本的な考え方として最低限覚えた方が良いのは、「①市場はすべての事象を織り込み済みである」「②高値と安値をどちらも同じ方向へ更新する状態がトレンドである」「③一度発生したトレンドは明確な転換のシグナルが発生するまで継続する」ということ。

　噛み砕くと①は、ファンダメンタルズの要素もチャートに織り込み済みなので、リスク管理をすればテクニカル分析のみで優位性の高いトレードができるという意味。②は、直近の高値が前回の高値より高く、直近の安値も前回の安値より高ければ上昇トレンドと考える。下降トレンドは、直近の安値が前回の安値より安く、直近の高値が前回の高値より安い状態のこと。③は、トレンド終了には必ずチャート上にサインが現れることを示している。

上昇・下降トレンドの条件

上昇トレンド

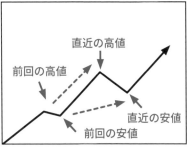

上昇トレンドは直近の高値と直近の安値が、前回の高値・安値を上回っている状態のことを指す。

下降トレンド

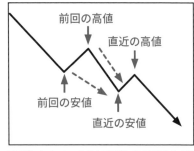

下降トレンドは直近の高値と安値が、前回の高値・安値を下回っている状態のことを指す。

トレンド転換の条件

上昇から下降へ転換

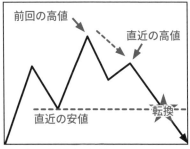

直近の高値と安値が一つ前の高値・安値を下回ると上昇トレンド終了。

下降から上昇へ転換

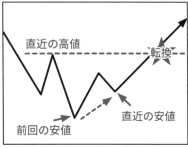

直近の高値と安値が一つ前の高値・安値を上回ると下降トレンド終了。

環境認識の核となる水平線について一気に解説！

Q 漁師さんのチャートにたくさん引いてある線は何？

A

水平線と呼ばれる、チャート分析の基本にして王道です

　FXのトレードをするための分析、いわゆるテクニカル分析にはさまざまな種類があるんだ。このパートで紹介する水平線しか僕はほぼ使わないけど、人によってはボリンジャーバンドや一目均衡表やMACDやRSIのようなインジケーターを使用するだろうし、ダブルトップやダブルボトムのようなチャートパターンを主軸にしている人もいるだろう。ここで大切のは、FXで勝つために、唯一無二のやり方など存在しないということ。トレーダーの数だけやり方がある。

　その上で、**僕がここまでFXで実績を残すことができたのは、水平線の使い方を徹底的に研究したことが大きい。**水平線は、当然だけど角度がなく、横に永久に伸び続ける。だから、人によって引き方のバリエーションが少ないのが、斜めの線であるトレンドラインとの大きな違いだ。

　つまり、**多くのトレーダーと同じような水平線を自分も引ければ、相場の反転や加速などのポイントにかなりの精度で当たりをつけることができる。**環境認識の核として、水平線についてガッツリと学んでいこう。

重要な高値

機能している
サポートやレジスタンス

重要な安値

　分析中のチャートに、重要な高値、重要な安値、また機能している（価格の進行を跳ね返している）水準に水平線を書き込んでいくと、チャート分析の解像度が格段にアップする。線を引くのには慣れがいるが、引いて、**値動きとの答え合わせをするほど、精度はアップしていく。**

トレードの軸となる存在、水平線とは何か？

- ●水平方向に永久に伸びる線（時間が経過しても位置は変わらない）
- ●重要な高値や安値、一定期間の最高値、最安値に引く
- ●価格の動きを跳ね返す役割を果たす（サポート、レジスタンス）
- ●一度ブレイクすると、サポートとレジスタンスの役割が入れ替わることがある
- ●エントリー、利益確定、損切りの基準として活用できる
- ●引きすぎるとチャートが見にくくなる

水平線は角度がないため、同じ価格なら誰が引いても同じ形になることもポイント！

水平線の最もベーシックな機能と「サポ・レジ」について

Q サポートラインとレジスタンスラインが分かりません

A 価格の動きを跳ね返す線のことで、上昇も下降も基本は同じ

　上がっているときに跳ね返されて下がる、下がっているときに跳ね返されて上がるとき、その価格帯に引いた水平線をサポートライン、レジスタンスラインと呼ぶ。両者の役割が入れ替わることも多い。

下降を跳ね返すサポートラインとサポレジ転換

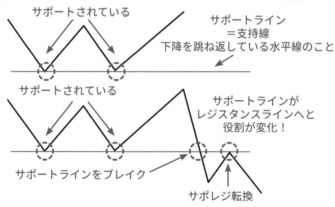

サポートされている

サポートライン
＝支持線
下降を跳ね返している水平線のこと

サポートされている

サポートラインが
レジスタンスラインへと
役割が変化！

サポートラインをブレイク

サポレジ転換

　価格の下落を跳ね返す役割を果たしている水平線を、サポートライン（支持線）と呼ぶ。そのサポートラインを下にブレイク後、今度は上昇を跳ね返す役割に転じることを、サポレジ（サポート→レジスタンス）転換と呼ぶ。

上昇を跳ね返すレジスタンスラインとレジサポ転換

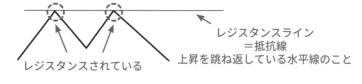

レジスタンスライン
＝抵抗線
上昇を跳ね返している水平線のこと

レジスタンスされている

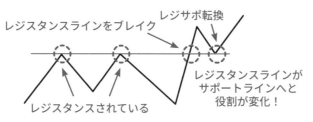

レジサポ転換

レジスタンスラインをブレイク

レジスタンスラインが
サポートラインへと
役割が変化！

レジスタンスされている

　価格の上昇を跳ね返す役割を果たしている水平線を、レジスタンスライン（抵抗線）と呼ぶ。そのレジスタンスラインを上にブレイク後、今度は下降を跳ね返す役割に転じることを、レジサポ（レジスタンス→サポート）転換と呼ぶ。

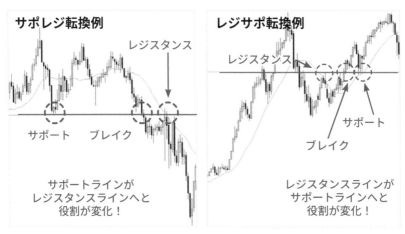

サポレジ転換例

レジスタンス

サポート　ブレイク

サポートラインが
レジスタンスラインへと
役割が変化！

レジサポ転換例

レジスタンス

サポート

ブレイク

レジスタンスラインが
サポートラインへと
役割が変化！

　サポレジ転換は戻り売り（下降中の一時的な高値で売り）、レジサポ転換は押し目買い（上昇中の一時的な安値で買い）の基準にもなる。

Q1 レジサポ転換している場所に水平線を引いてみよう

　レジサポ転換なので、上昇を食い止めていた価格帯が、今度は下降を食い止める価格帯に変化した水準ということになる。この本に限らず、チャートソフトなどでも試しに線を引いて見えてくることがあるはず。

Q2 サポレジ転換している場所に水平線を引いてみよう

　サポレジ転換なので、下降を食い止めていた価格帯が、今度は上昇を食い止める価格帯に変化した水準ということになる。何か所かの山や谷とぶつかる、水平線の位置をイメージしてみよう。

Q1 の答え

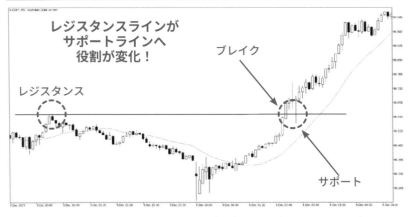

　レジスタンスと破線で囲んだ高値を上にブレイクしたすぐ後に、一時的に下抜けするも下ヒゲを伸ばして反転している。まさにこれが教科書的なレジサポ転換だ。

Q2 の答え

　高値と安値を切り上げている（＝上昇トレンド）ときに形成された谷の線を下抜け。しばらくしてから、レジスタンス転換して戻り売りのポイントになっていることが分かる。このように、サポレジ、レジサポ転換は、押し目買いや戻り売りの基準として使える。

水平線活用のポイント① 「ブレイクの判断】

水平線のブレイクは実体で抜けた場合のみ「ブレイクした」と考える。ヒゲで抜けていたら「ダマシ」の場合があるので注意。

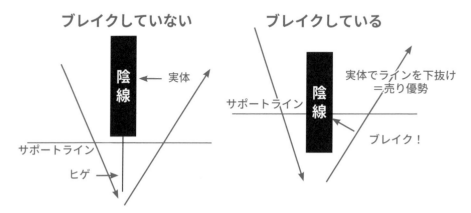

水平線活用のポイント② 「迷ったらまず線」

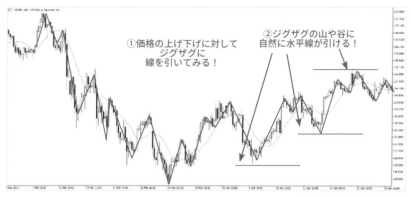

① 価格の上げ下げに対してジグザグに線を引いてみる！

② ジグザグの山や谷に自然に水平線が引ける！

　サポートやレジスタンスの位置がパッと見て分からないなら、まずチャート上の上下動に対して、なぞるように線を引いてみよう。そうすると、水平線を引ける位置が見やすくなる。

水平線活用のポイント③「機能する条件」

買いと売りの勢力が水平線を挟んで戦う

買い勢

このラインを超えて上昇する可能性
が高いから、ロングで攻めていく！

―――重要な水平線―――

売り勢

ここから下方向にブレイクしたら、
売りを狙っていく！

効いている水平線の上下には、たくさんの注文が入っており、なおかつ新規で
相場に参入してくる投資家も多いため、付近では激しいやりとりが行われます。
最終的に勝利した方に相場が動き出します。

　水平線は、その付近で価格変動が跳ね返されたり、突破後に値
動きが加速したりと、何もない場所にはない反応を見せる位置に
引かなければ意味は薄くなる。なぜそういった反応が起きるのか
というと、買い方と売り方の思惑がぶつかるからなんだ。

水平線が少なすぎる

水平線が多すぎる

適切な本数を感覚で理解する

水平線を自分でチャートに引いていくこ
とこそ、テクニカル分析の醍醐味なんだ
けど、どの位置に引くかだけじゃなく、
「どれくらいの数を引くか」というのも、
実はけっこうコツや感覚が必要になる。
チャート●枚に●本みたいなルールを決
めることができない分野なので、やりな
がらマスターしていくしかない。ただ、ローソク足が見えないほど引くのは、明
らかに多すぎる。

アクティブな相場分析を可能にする起点と目線を把握

Q 漁師さんがよくおっしゃる、起点と目線とは？

A
①高値または安値の一つ前の山や谷を「起点」と呼ぶ！
②起点を終値でブレイクするごとに切り替わる相場の見方を「目線」と呼ぶ！

　ここまで、ダウ理論、それと水平線の基本について解説してきたけど、この2つの考え方をベースに、ぜひ身に付けてほしいのが「起点と目線」だ。ダウ理論は、高値と安値が同じ方向に更新していればトレンド、それが崩れればトレンドの終了と解釈するよね。**この考え方を分かりやすくしてくれるのが、起点を基準にした目線の変化**というわけ。そのためには、まず起点を理解しよう。**高値や安値の根元にある谷や山を起点と呼ぶ。ここをブレイクすることで、ダウ理論の根拠の崩壊＝目線が変化したと解釈する。**

　例えば、高値と安値を切り上げている上昇トレンド中、高値の起点である谷（安値）を下に抜けたとする。この時点で安値は切り下げているので、安値の切り上げは失敗し、上昇トレンドは終了。この状態を、「目線が下に変化した」と表現する。さらにこのあと高値も切り下げれば、下降トレンドへ移行したと判断できる。このように、**ダウ理論の変化の過程を起点のブレイクから判断し、アクティブな判断を繰り返すのが、僕のトレードの核**になっている。

重要な山や谷はその前の谷や山も重要

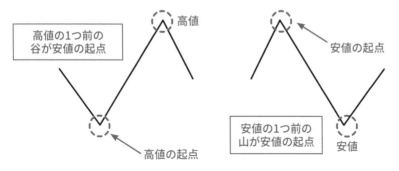

相場の値動きは、常に高値と安値を作る波を描いている。その中で、**重要な高値や安値が形成されたら、その1つ前の高値や安値に着目する。この「高値や安値の根元」の価格を起点と呼び、水平線を引くべきポイントとなる。**山の前は谷、谷の前は山が起点という覚え方もOK。

目線が変化するポイントを把握しておく

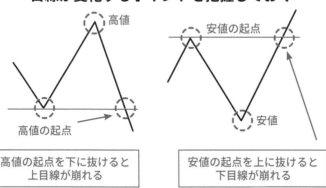

そして起点をブレイクすることで、それまでの方向感が逆に転換したと考える。高値をつけているため、上方向への勢いが強い状況で高値の起点を下に抜けると、今度は目線が下方向に向いたと考える。もちろんこの考え方は、上昇でも下降でも全く同じ。

●目線の練習

下の図に水平線を引き、①～④のそれぞれの局面で上目線・下目線どちらに照準を合わせるべきか考えてみよう。

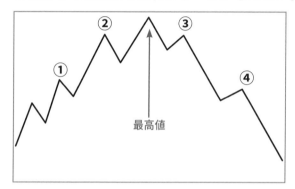

【あなたの答え】

①

②

③

④

●漁師流の目線はこれ

①②は高値と安値を切り上げながら上昇しているため、ダウ理論の基本から上目線。③は高値を切り下げたものの、高値の起点を下回っていないため上。★で高値の起点を割り込んで下目線に切り替わりるので、④は下。

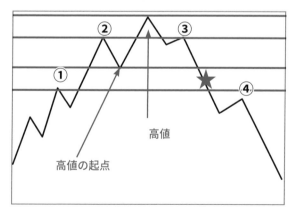

【答え】

①上

②上

③上

④下

目線・起点のチャート例①

安値を作った下降の起点

最高値

最高値を作った上昇の起点

最安値を作った下降の起点

安値

最安値

　目立つ安値や高値と、その起点に線を引いてみたチャート例。特に<u>**その期間の最高値や最安値に対する起点は、突破すると上げ下げの方向が転換していることが多い。**</u>起点の考え方が有効であることを示しているといえる。

目線・起点のチャート例②

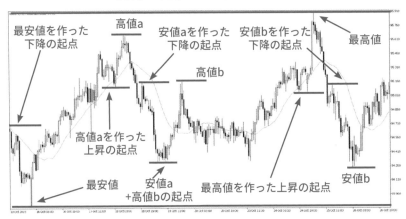

最安値を作った下降の起点

高値a

安値aを作った下降の起点

安値bを作った下降の起点

最高値

高値b

高値aを作った上昇の起点

安値a
+高値bの起点

最安値

最高値を作った上昇の起点

安値b

　高値aの起点を下にブレイク後、明らかに下降トレンドが始まっていることが確認できる。この図は後付けの解説だが、チャートの右側が見えていない状態で起点と目線の変化を把握できていれば、トレンドの移り変わりに追従できる可能性が高まる。

Q1 最高値、最安値、高値、安値と起点を記入してみよう

　最高値と最安値は、そのままチャートの一番上と下なので、難しくはないと思う。高値や安値については、パッと見て目立つところにだけ引けばOK。目に入る全ての山や谷に線を引く必要はないんだ。

Q2 最高値、最安値、高値、安値と起点を記入してみよう

　起点は慣れると簡単で、高値なら直前の安値、安値なら直前の高値が起点となる。上がり続ける相場、下がり続ける相場はなく、必ず山や谷が形成される。山と山の間には谷、谷と谷の間には山があるわけで、1つ前の突出した部分をチェックすればOKだ。

Q1 の答え

このチャートにラインを引いてみると、このような感じになる。最安値の起点を上に抜けてからさらに上昇の勢いがついていて、起点ブレイクが目線の変化につながっていることが分かりやすい例。

Q2 の答え

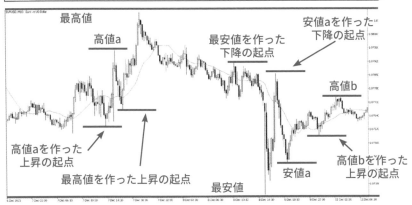

このチャートの場合、最安値の起点、そして安値aの起点を超えられていないため、目線は下方向から変化していないと判断可能。となれば、この時間軸に限れば、トレードで狙うのは売り優先となる。

急上昇や急下降の先端には線を引くクセをつけるべし

Q ここだけは絶対に水平線を引くみたいなコツはありますか？

A 急激な上昇や下降の先は、あとで機能しやすいので線を引こう

　僕はインジケーターに頼ったトレードをしないため、機能する水平線を引けるかどうかがそのまま成績に直結する。だからどこに引くかは非常に大切なんだけど、ヒゲの先は特に外せないポイントだ。

急上昇や急下降に水平線を引こう！

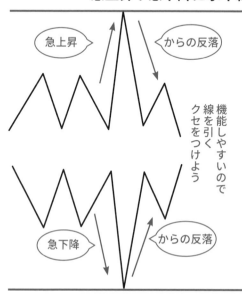

急上昇 → からの反落

機能しやすいので線を引くクセをつけよう

急下降 → からの反落

ヒゲの先は注目されやすい！

ファンダメンタルズ的なニュースが出たり、相場に蓄積されている注文がまとまって決済されたりして、急激な動きが起き、さらに反転するとその水準が重要な高値や安値になりやすい。大きく動いた時点で線を引いてみよう。

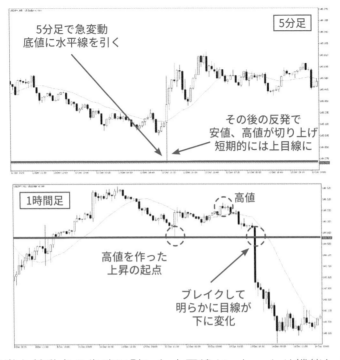

5分足で急変動
底値に水平線を引く

5分足

その後の反発で
安値、高値が切り上げ
短期的には上目線に

1時間足

高値

高値を作った
上昇の起点

ブレイクして
明らかに目線が
下に変化

　急激な値動きの先端に引いた水平線が、しっかり機能した例。上の5分足のヒゲの先に引いた水平線を、1時間足の下落時にブレイクすることで、さらに下げが加速している。急変動が起きたら、ヒゲの先にとりあえず水平線を引く習慣をつけてみよう。

どのタイミングで反転と判断して仕掛けるか

下降トレンドから上昇トレンドになったときなど、どこでエントリーするか悩む人もいるかもしれない。僕の場合は、①のローソク足が確定したら②の始値でエントリーをするようにしている。ポイントは、そのときのトレンドに逆らわないこと、反発しているのをしっかり確認することの2点。逆張りには注意しよう。

重要な水平線で発発
ローソク足は何本目でエントリー？
※成行の場合

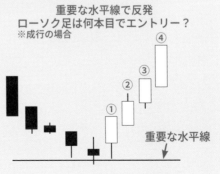

重要な水平線

フィボナッチリトレースメントの使い方

　トレンドは一時的な押し目や戻りを試しながら進むため、それを見分けるにはインジケーターの助けを借りるのも手だ。代表的な1つがフィボナッチリトレースメントで、使い方は直近の高値（または安値）と安値（または高値）を結んで、フィボナッチ基準線を引くだけ。一時的な戻りなのかを判断する材料として使う。上昇にしても下降にしても意識されるのは38.2%、61.8%まで価格が戻ったときで、38.2%で反発・反落すれば強いトレンド、61.8%で反発・反落したら弱いトレンドと判断する。もし、61.8%を超えた場合は、一時的な動きではない可能性がある。目線が切り替わった可能性が高いので、確認を怠ると間違った方向でポジションを持ってしまうことも。十分注意しよう。

下降トレンドでフィボナッチリトレースメントを表示した例

　フィボナッチリトレースメントを高値から安値に引くと、「23.6、38.2、50、61.8」などの数字が表示される。注目されるのは38.2%と61.8%まで価格が戻ってきたときで、このチャートでも61.8%付近で再び下落しているのが分かる。今回のように綺麗に反応する局面ばかりではないので、目安として参考にしよう。

高値・安値の終点にも水平線を引く

　高値・安値の起点だけでなく、終点に引いた水平線も有効に使えばトレードしやすくなるので覚えておこう。

　下の1時間足のチャートには、高値の起点、高値、高値の終点に水平線を引いている。下のチャートの場合は、起点を下に抜けているから目線は下だが、もみあっている。

　僕はできるだけ水平線まで価格を引き寄せてトレードをしているし、値幅は小さくとも、短期で利益を出すトレードが好きだ。だから、下のチャートのような場合、僕なら15分足以下の時間軸を見て、起点まで価格が上がったのを確認し売りエントリー、終点で決済するシナリオを立てるだろう。このシナリオだと、比較的短期で利益を出しやすくなる。意識されている終点を見つけたら水平線を引いて、トレード戦略に役立ててみよう。

1時間足で見る高値の起点と終点

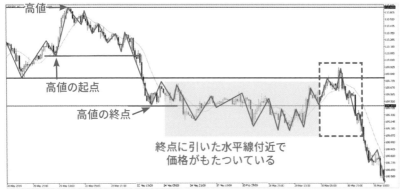

破線で囲った以降は大きく下落しているので、手動トレールなら利益を伸ばせたかもしれない。チャートに張り付く時間がない人は、IFO注文などを活用してトレードしてみよう。

マルチタイムフレームは トレードの安定に不可欠！

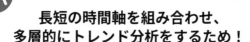

Q なんで何枚もチャートを見てトレードをするんですか？

A

長短の時間軸を組み合わせ、
多層的にトレンド分析をするため！

　マルチタイムフレーム分析とは、複数の時間足を確認して、現在の相場状況を認識すること。この分析なくしてエントリーや損切りの判断はできないと言っても過言ではない。やり方は人それぞれで、上位足の時間軸の状況が下位足でも分かるようにインジケーターを設定したり、**上位足から下位足を順番に見てトレンドが発生しているのか、レンジ相場なのかなどを細かく分析する**方法などがある。

　前者については、後述する「移動平均線について」でも解説するとして、僕のベースとなっている後者から説明する。

　一般的には、月足、週足、日足、4時間足、1時間足、15分足、5分足、スキャルピングをやるなら1分足も確認する。

　1分足、5分足などの短い時間足でトレードをするにしても、上位足の確認は必須。1分足で見た現在のレート付近に、上位足で多くの人が意識している水平線があれば、トレンドが転換する可能性もある。そのため、マルチタイムフレーム分析は上位足から順番に行う。

日足で重要なラインを確認

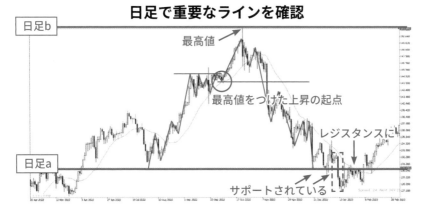

最高値

最高値をつけた上昇の起点

レジスタンスに

サポートされている

日足では、最高値をつけた上昇の起点に水平線aを、最高値に水平線bを引いた。下落する局面では水平線aがサポートラインとして機能した後、サポレジ転換しているのが分かる。これはトレーダーからaが意識されているということ。破線辺りの動きをもっと細かくして1分足で見ると下記のようになる。

1分足でも日足のラインは有効

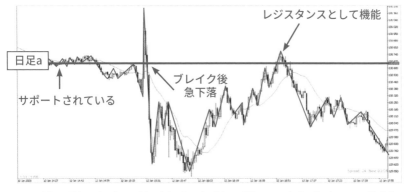

レジスタンスとして機能

ブレイク後急下落

サポートされている

日足で引いた水平線a付近に価格が戻ってきたとき、1分足で見ても反応しているのが分かる。つまり、この水平線は短い時間足でトレードする際にも有効ということ。

大局を知ってから、局所的な流れを追うのが基本

Q なぜ上位足のトレンドを把握するのですか？

A 相場の方向性は、上位足が下位足より優先されるから

マルチタイムフレーム分析のメリット

- ●全体の流れを把握しつつ、局所的なトレンドも追いかけられる
- ●上位足（長期足）に従うため、大局に逆らわないトレードできる
- ●利益確定や損切りの基準を長期足に求めることで、優位性のある売買ができる

「上位足の方向性が、下位足の方向性に対して優先する」。これは相場の原理原則だ。１分足では上昇をしていても、日足が下降トレンドなら、１分足はいずれ下落に転じる可能性が高い。ということは、１分足でも売りを入れた方が勝ちやすい、**つまり日足のトレンドに従って、１分足もトレードをするべき**なのである。こう考えていくと、目先のトレードをする時間軸より、もっと長い（上位の）時間軸のチャート分析をすることが、とてつもなく重要であることに気付くはず。

マルチタイムフレーム分析の流れ

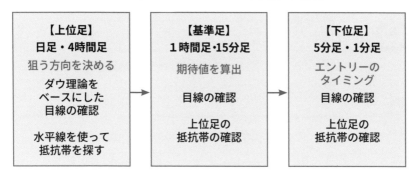

【上位足】 日足・4時間足 狙う方向を決める ダウ理論を ベースにした 目線の確認 水平線を使って 抵抗帯を探す	→	【基準足】 1時間足・15分足 期待値を算出 目線の確認 上位足の 抵抗帯の確認	→	【下位足】 5分足・1分足 エントリーの タイミング 目線の確認 上位足の 抵抗帯の確認

長い時間軸から先に分析をしていく！

マルチタイムフレーム分析のポイント①

●チャートの時間を変えながら水平線を書き足す

← M1 M5 M15 M30 H1 H4 D1 W1 MN

長期から短期へ
時間軸を下げていく

マルチタイムフレーム分析の操作方法はいたって簡単で、1枚のチャートを長期から短期に時間を短くしていきながら、その都度重要な価格に水平線を書いていく。何枚もチャートを表示させる必要はなし。

●線の太さや色などに、自分ルールを定める
既に述べた通り、マルチタイムフレーム分析において、チャートの時間軸が長いほど、水平線の重要度が上がる。日足の水平線は、1分足の水平線より重要度が高いというわけ。お使いのトレードソフトによって、線の太さや色などの統一ルールを定めて、長い時間軸のものほど目立つように工夫するといいかな。

マルチタイムフレーム分析を実際の流れでやってみよう！

Q 実際にどの価格に水平線を引けばいいですか？

A

① チャートの最高値、チャートの最安値
② 価格を何度も跳ね返している重要な高値、安値
③ ②の起点
④ ドル円の150円などキリ番

この流れを週足からスタート、短い時間軸へ下ろしていく！

マルチタイムフレーム分析のポイント②

● **長期足のメンテナンスはごくたまにで十分**
「毎日、何枚ものチャートを分析して線を引くのって、けっこう大変なのでは？」と心配しているなら、そんなことはないから大丈夫。週足、日足といった長期足は更新がゆっくりなので、数日に一度程度の水平線追加や削除で十分。

● **長期足であまりに遠い位置にある線はスルー**
基本的に、そのチャートの最高値や最安値は重要なポイントだが、週足や日足であまりに遠い位置にある場合はスルーしても問題ない。

● **機能していない線は定期的に削除していく**
線を引いたはいいものの、価格が接触しても全く反応しなかったり、あるいは価格が遠くに行ってしまってしばらく戻ってこなさそうな場合には、一度そういう水平線は消してしまおう。線が増えるほど画面が見づらくなる。

週足

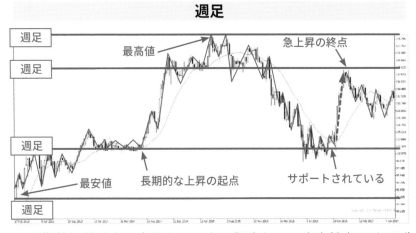

長期的に見ると、上昇トレンドが発生し、一度高値を切り下げたものの上昇の起点は下抜けしていないため週足の目線は上。さらに、最高値をつけた長期的な上昇の起点がサポートにもなり、押し目買いが入ったことが分かる。

日足

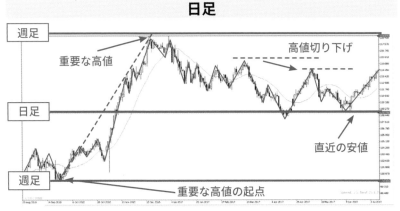

週足の水平線が重要な高値になったあと、高値を切り下げながら下降しているのが分かる。上昇トレンドの中、売り優勢になりつつあると判断できるが、重要な高値の起点と重要な高値の半値付近まで値を下げているため、日足で見るとここが押し目になる可能性も捨てきれないと判断。

第3章

波の動きと潮の流れを読め 環境認識はトレードの羅針盤

4時間足

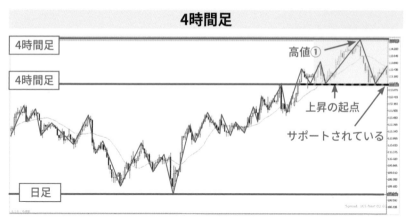

　４時間足で見た上昇の起点は高値①をつけた後もサポートラインになっているのが分かるが、再び上昇を目指すも失敗している。しかし、上昇の起点を割っていないため、目線は上。この先上昇の起点を割れば、目線が切り替わる可能性も。ちなみに、ボックスを細かく見られるのが下の図。

4時間足（拡大）

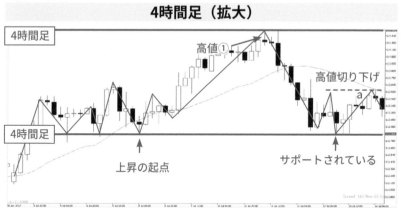

　拡大して見てみると、上昇の起点で反発しているのがよく分かるが、反発後の値上げ幅が小さく勢いを失っているようにも見える。高値を切り下げているので、今後aのラインより上に行けば買い、サポートラインを下抜ければ目線を変えて売りを入れることにする。

1時間足

4時間足

高値①

高値②

高値③

安値①

4時間足

急上昇の起点と
最安値

4時間足で引いたライン

1時間足で見ると高値①をつけた後、高値②が高値①を抜くことができず、さらに安値①を実体で下抜けたため、目線は下へ。高値③のラインをヒゲで上抜ける場面もあったが、実体では抜けなかったので下降に勢いがつく可能性が高いと見ている。

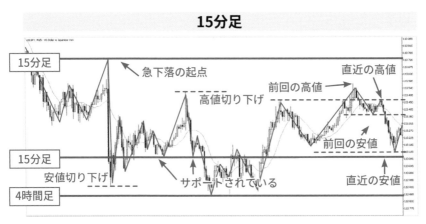

15分足

15分足

急下落の起点

直近の高値

前回の高値

高値切り下げ

15分足

前回の安値

安値切り下げ

サポートされている

直近の安値

4時間足

15分足でも高値と安値を切り下げているのが分かる。再び上昇を目指す局面もあったが、直近の高値・安値は前回の高値・安値を切り下げているので上昇失敗。下目線を目指すトレーダーが増えると予想した。

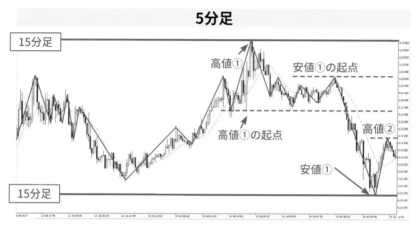

5分足で見ると、高値①の起点を下にブレイクしたため、目線は下へ。安値①まで値を下げ、上昇を目指すも、安値の起点は超えられず、高値②をつけて再び値を下げている。

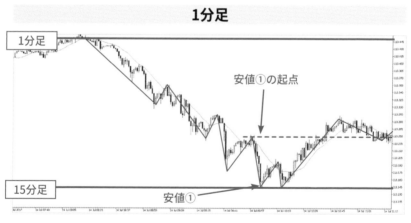

1分足で見ると、15分足の水平線がサポートとなって上昇しているのを確認できた。安値①の下降の起点がレジスタンスとなってから、一度上へ抜けるがもみ合いに。再び安値①の起点をブレイクしたので目線は下。

マルチタイムフレームの分析例

1時間足以下の時間軸は下目線	上位足でのトレンドは上昇を示していたが、下位足では上昇の勢いを失くし下目線へ転換していた。狙うなら1時間足以下の「売り」を狙う。
重要なサポートラインを発見した	4時間足、1時間足で確認したサポートラインを下にブレイクすれば上位足でも目線が変わる可能性がある。
下位足では高値・安値を切り下げている	5分足・1分足で見ると高値と安値を切り下げているのでスキャルピングをするなら下方向への戻り売りを繰り返し狙っていけそうだ。

以上を踏まえて「売り」でエントリー検討
今回は５分足でのトレードシナリオを立てる

エントリーの戦略（5分足）

15分足

高値①

高値②

この辺りまで価格を戻したら
「売り」を入れたい

15分足

５分足で見た時の高値②付近まで価格を戻し、確定足で陰線を確認できたら、成行でエントリーを入れたい。もし、価格が戻らずこのまま下げ続ければ5分足でのエントリーは見送ることにする。

利益確定の戦略（15分足）

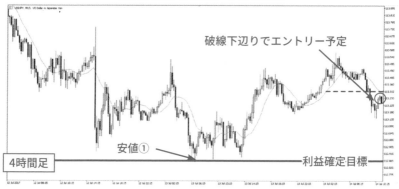

破線下辺りでエントリー予定

安値①

4時間足

利益確定目標

　利益は大きく狙いたいので、利益確定目標は15分足のチャートで判断。安値①の少し上あたりまでは価格が落ちるというシナリオを立てた。安値①は４時間足で見たときにサポートとなっており、ここを下抜ければ上位足で見ても目線が下になるので、ライン突破後にまだ下がるようであればポジションをホールドする。

トレードの結果（15分足）

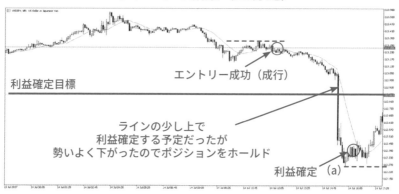

エントリー成功（成行）

利益確定目標

ラインの少し上で
利益確定する予定だったが
勢いよく下がったのでポジションをホールド

利益確定（a）

　利益確定目標を突破すると、上位足でも売り優勢に切り替ったため、急下降した。急落の後は急上昇する可能性もあったため(a)でもみあっているのを確認し、利益を確定した。結果は利益確定目標を勢いよく突破したので、86.6pipsという長い値幅に。

3-10 第3章のまとめ

●ダウ理論の基本は、「①高値と安値がどちらも切り上げ→上昇トレンド」「②高値と安値がどちらも切り下げ→下降トレンド」「③①か②の条件が崩れたらトレンドもそこで終了」である

●重要な高値や安値の根元を起点と呼ぶ。高値の起点をブレイクすると、上目線が下目線に、安値の起点をブレイクすると下目線が上目線に変化する

●高値、安値、起点に水平線を引くことで、相場の流れを把握する。水平線を上手に引けるほどトレードで稼げるようになる！

●水平線の機能として、「下降を阻んでいたラインを下抜け後、上昇を阻むようになるサポレジ転換」と「上昇を阻んでいたラインを上抜け後、下降を阻むようになるレジサポ転換」も覚えておこう

●上位足から下位足へ下ろしていくように、水平線を引いていく。基本的に上位足の流れが優先されるため、上位足の水平線ほど目立たせる。この考え方をマルチタイムフレーム分析と呼ぶ

第3章

波の動きと潮の流れを読め　環境認識はトレードの羅針盤

> 3章の内容は非常に重要なので、あらためてまとめてみた。トレードの根幹になる考え方や技術なので、何度も読み返して、またチャートと見比べることで、身体で覚えてほしい。1回で全部分からずとも、部分的に身についていけば十分

裁量トレードの弱点

僕は裁量トレードに優位性があると考えているけれど、裁量にも弱点がある。それは、自分の資産を投じてトレードを行うため、恐怖を感じて理性を失ってしまう可能性があること。自分のメンタルコントロールは必須だし、それができないのであれば「裁量トレーダー」とはいえない。

ただ、恐怖を感じるトレードをしてしまうのは誰もが通る道。そんなときの打開策として覚えておいてほしい考え方は、**「お金が全てではない」「負けても気にしない」「成功するために心理的リハーサルを行う」「結果に責任を持つ」「勝負をする前から自分の勝ちを疑わない」** こと。

何度も伝えているが、まずは成功体験を積み重ねることが大切だ。たとえ短期的に負けが続いたとしても、最後に勝てば良い。でも、諦めたらそこで試合終了。何をするにも「自分はできる」と自分を認めて勝ちを確信できるトレードを繰り返そう。そうすれば、次第に自分が変わっていくのを実感できるだろう。

また、**勝ちトレーダーは負けているトレーダーの心理状態を把握している。勝ちトレーダーは、たとえ負けてしまってもその原因が何か分かっているし、一つ一つのトレードが自分をレベルアップさせていることも知っている。**一方、負けトレーダーは落ち着きがなく、楽観的すぎて、自分はうまくいかないと思い込み、負けたら相場に腹を立てる。勝てないメンタルをしているんだ。さて、あなたはどちらだろうか。

勝ちトレーダーの心理状態を知って、自分をそれに近づければ自ずと勝てるようになるはずだ。これからの人生、トータルで収益がプラスになるように勝ちトレーダーへの歩みを一歩一歩進めていこう。

第4章

船出前の素振りで
血豆を潰せ
実践トレードの知識

知識編 4-1 エントリーの根拠崩壊で間髪入れず損切り

Q 正しい損切りができるようになるにはどうしたら…

A 冷静さを保てるよう作戦を立てる！

　うまくトレンドに対して順張りできれば利益は増えていくけれど、FXには勝率100%のやり方は存在しない。つまり、誰でも損切りする局面に出くわすということ。それを頭で理解していたとしても、トレードをしていてリアルタイムで含み益や含み損が出ていると、目の前で増減する数字に一喜一憂するもの。ロット数にもよるが、わずか10分で10万円を獲得することもあれば、10分で10万円、20万円を失うことだってある。これは「発展途上のFXトレーダーあるある」かもしれないが、**自分に合ったロット数で勝負し、正しい損切り価格を設定できなければ、減りゆく資産に恐怖を覚える。**損切りが続いてトレードができなくなる人もいるかもしれない。

　僕は事あるごとにYouTubeなどで、**「感情的になってしまうトレードは資金管理が間違っている」**と伝えている。10万円の資金でトレードをして1万円を失うのと、資金1000万円で1万円を失うのでは、心の余裕に違いがあるのは容易に想像できると思う。だから、ストレスを軽減するためにも、**損切り許容額を資金の1%**に抑えることを僕はおすすめしている。

▼難しい手法を覚えたからといって勝率が上がるわけではない

　僕はFXについて、**買い手と売り手のどちらが優勢かを客観的に判断し、水平線を巡る多数決の結果にただ着いていくだけで資金は増える**と考えている。このルールを徹底すれば勝てるし、あれこれ複雑なことを試しても、自分をコントロールできていなければミスが重なって資金は減る。

　そうならないために、あらかじめ損切りのシナリオを立てておく。**「今の価格がAに到達せず、逆行してBになったら損切りする」と決めておけば、ほぼすべての「予想外」を取り除くことができて、落ち着いてトレードに集中できるはずだ。**心を掻き乱されない損失額で、機械的に損切りできる術を磨く。FX発展途上トレーダーを抜け出そう。

▼水平線を使って売買価格を決める

　エントリーや利益確定目標値、そして損切りの価格も水平線を使って判断していく。ただ、ボラティリティは相場によって違うから、その都度ポジションサイズを調整して、冷静にトレードができる損失許容額を設定していかなければならない。また、例えば1分足でトレードをする場合、1時間足の水平線を参考にすると損失が大きくなりすぎる可能性大。

　どの時間軸でもいえることだが、僕は売りで入ったら「前回の高値を超えた」時点で損切り、買いで入ったら「前回の安値を超えた」場合に損切りをするようにしている。**自分が思っていた方向と逆に行ったら躊躇わずに損切りできるようになる。これが「嫌だな」と感じるようなら、損失許容額を高く設定して無理しているのかもしれない。**

▼水平線を使った損切りの設定の仕方

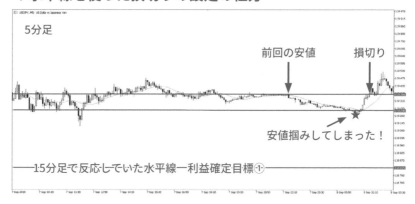

たとえば、5分足の★で「売り」エントリーすると決めた場合、前回の高値を上抜いたら損切りすると決めておく。このとき、損切り時の負け幅より、利益確定幅が広くなる利益確定目標①を、水平線付近に設定。15分足で反応していた水平線を目標値にすることで損小利大のトレードができるようになるというわけだ。

このとき、**やってはいけないのは、自分のルールをトレード中に変えてしまうこと。**もし予想とは逆行する値動きをしたら「自分のお金が減ってしまう」という焦りから損切り位置をズラしたり、「戻ってくるだろう」と損切りをしなかったり、決めたはずのルールを破りたくなる場面に出くわすかもしれない。

しかし、**損切りを先延ばしにしても損失が増えるだけ。一度それで助かったとしても損切りできる癖をつけておかなければ、二度と市場に戻ってこられない深い傷を負う可能性だってある。**

損切りが苦手な人は、逆指値などを使って機械的に損切りを行うようにしよう。

ところで、あなたがFXを始めた理由はなに？

ここで一度初心に立ち返ってほしい。あなたがFXを始めた理由は「利益を出したいから」だったはず。誰も初めから損をしたくてFXをしているわけじゃない。

そのはずなのに、いざトレードをするとポジションを握り続けることができず、利益確定目標にも達しないうちに少しずつ利益確定をするのに、損切りはなかなかできず損失額が増えていく。

FXはギャンブル要素をできるだけ排除しつつも、期待値が高い局面で張らなければ勝てない。勝てる機会を逃し、損切りばかりしているとトレーダーとしての自信もなくなってしまうかもしれない。

でも、それは今まで正しい損切り設定を知らなかっただけ。今から変えれば巻き返せる。

▼リスクリワードは１：２に設定する

僕はトレードをするときに、リスクリワードが１：２になるように戦略を組んでいる。

たとえば、損切りが10銭なら利益確定は20銭にするといったように、利食い幅が損切り幅の２倍以上になるように設定する。損切りは小さく、かつ利益を伸ばせそうなエントリーポイントを見つけるトレードを繰り返せば、いつしかその考えが基本となって、トータルで勝てるトレーダーになっていく。

利益を伸ばす成功体験を積み重ねて、資金管理が上手にできるトレーダーを目指そう。

必須知識編
4-2

経済指標の前後では取引を控える

Q テクニカルメインならファンダメンタルズは気にせずOK？

A 経済指標のスケジュールは
必ず確認しておこう

　僕はニュースを見て「今日はファンダメンタルズでプラス材料が出たから上がりそうだな」というトレードはしないけれど、重要な経済指標はチェックするようにしているし、経済指標発表前後ではトレードを控えている。

　特に**米国の雇用統計やFOMCなど、経済指標発表直後の値動きは激しくなることが多い。**たとえば、急上昇してそのまま上がるかと思いきや突然急落し下降トレンドを作る、なんてことも珍しくない。そういう**ファンダメンタルズの要素が強い相場の場合はテクニカルが機能しにくく、勝負のシナリオを描くのが難しくなる。**

　中には経済指標の発表結果を予想しようとする人もいるかもしれないが、僕はそれをおすすめできない。発表前のチャートを見ていれば分かるが、既に市場参加者の予想が反映された値動きをする傾向がある。その発表で、マイナス材料が出そうだと予想する人が多ければ、その通貨は事前に売られるし、プラス材料の予想なら事前に買われている。

　そして、経済指標が発表されたとき、予想より悪ければ売られ、良ければ買われる。市場参加者の予想に対するギャップが値動き

に反映されるから、事前に予想しようがない。そんな局面でトレードをするのはギャンブル要素が強いと思っている。ファンダメンタルズを深く勉強している人以外は、避けた方が無難だろう。

注目度が高い経済指標（米国）

日時	経済指標名	内容
原則毎月第1金曜日	米国雇用統計	米国の雇用情勢を調査した統計結果
当該四半期終了後の翌月末に速報値翌々月に改定値	米国GDP（国内総生産）	一定期間内に国内で生産された物やサービスの付加価値の総額のこと
毎月第一営業日	ISM製造業景況感指数	製造業の景況感を示す指数
毎月15日前後	CPI（＝消費者物価指数）	米国国民の生活水準を示す指標

　また、FOMCは年間（原則）8回行われ、政策金利の発表や議事録の公開などが行われるので都度チェックするようにしよう。FX会社で経済指標カレンダーが公開されているので参考にすると◎。

エントリーをしたら
短い足は封印する！

Q エントリー後にチャートを見て一喜一憂しない方法は？

A ポジションを持ったら、1分足と
5分足はできるだけ見ないようにする

　短い時間足はコロコロと目線が変わるもの。簡単に高値・安値の起点をブレイクするから、見ていたら心が落ち着かない人もいるだろう。

　そもそも短い時間足は、売買のポイントを探すために使うもので、トレンドの流れなどはこれまで解説してきた通りマルチタイムフレームを活用して、上位足についていくのがセオリー。エントリー後は利益確定目標値や損切りラインを把握できていれば良いから、上位足だけでも十分事足りる。それより長い時間足が基準なら、**1分足・5分足のチャートは閉じてしまっても問題はない。**

　そして、平常心を保つためにもIFO注文やOCO注文を積極的に活用し、利益確定や損切りを自動化しよう。たとえば5分足のチャートを見て「こんなに乱高下している！」と思って1時間足を見てみると、価格変動は驚くほど僅かで実は数pipsしか変動していなかったということはある。狙いたい値幅がもっと広いなら、**目先の細かい数字に囚われてはいけない。**

　同じように、保有しているポジションの損益もあまり見ない方が良い。初心者や発展途上のトレーダーは勝っていると利益を確定したがるし、大きく負けていると損切りを嫌がってしまうもの。

さらに損益の数字を見ていると、決めていた利益確定目標値を前に決済したり、損切りラインに達していないのに損切りしたり、自分で組んだ戦略を簡単に壊してしまう。それは本当にあなたが望んでいたトレードの形だろうか。利益が伸び悩んだときは上記を思い出そう。発展途上のトレーダーにありがちな罠にハマっていないか、自分でチェックしてみてほしい。

そして、FXの本質も忘れてはならない。**画面の先で取引をしている他のトレーダーにとって、あなたが勝っていようが負けていようが全く関係がない。**だから、あなたの勝ちが続いていたとして、それが偉いわけではないし、負けているからといって「できない人」ではない。FXに没入しすぎて大切なものを見失わないように。勝っているからすごい、負けているからすごくないではなく、**どんなシナリオを立ててエントリーに臨み、何pipsの利益を得たのかという経験。それを大切にしよう。**

今までチャートに張り付いていなければ落ち着かなかったという人でも、自分のトレードに自信が持てるようになったら利益確定目標値の指値・損切りの逆指値を予約注文をして、外出できるようになるだろう。FXの場合、エントリーをしたらできることはあまりない。限られた時間を有効に使う力も人生には必須スキルだ。

フラクタル構造の理解

A 極めればトレードの精度を
高められるから！

　「フラクタル構造」とは、図形などの一部を切り取ると全体と同じ形になる構造のこと。フラクタル構造は意外と身近にもあり、雪の結晶や雲、人間の血管や肺などにフラクタル構造の概念を当てはめることができる。

　フラクタル構造の概念をチャートで応用すると、例えば日足で上昇のN字型を描く値動きをしていた場合、1時間足で見てみると、同じ形が内部に複数確認できる。さらに、1時間足より時間足を短くしても同じ波形をたくさん確認でき、それが延々と続いているのが分かる。チャートはフラクタル構造でできているという前提があるからこそ、上位足でトレンドなどを判断し、下位足に落とし込んだ分析、つまりマルチタイムフレームが有効になる。

　右ページの、1時間足と5分足の波形を重ねてみた図解が分かりやすい。1時間足で見ると真っすぐ上を目指しているように見えるが、5分足で見ると上下しながら上がっているのが分かる。だから5分足の中でも重要な高値や安値に水平線を引けば、エントリーポイントや利益確定ポイントが見えてくるというワケだ。

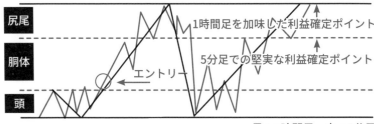

【1時間足の波形5分足の波形を重ねたイメージ図】

尻尾

胴体

頭

1時間足を加味した利益確定ポイント

5分足での堅実な利益確定ポイント

エントリー

黒：1時間足　赤：5分足

　下位足では〇の位置で買いエントリーしたら、利益確定目標も堅実に設定をするか、１時間足を考慮した値幅を取っていくのか、フラクタル構造を理解することで戦略を立てやすくなる。

頭と尻尾はくれてやれ

　ここまでの概念がしっかり頭に入っていれば、チャートを上の図のように頭（初動）・胴体（メインの動き）・尻尾（トレンドの終盤）と分解できるだろう。

　狙うべきは胴体の部分。頭と尻尾を取りたい気持ちも分かるが、トレードの精度を上げる方が優先。相場の世界で有名な**「頭と尻尾はくれてやれ」という格言を思い出して、欲張りすぎて損をしないようにしよう。**

　勝ちトレードが繰り返しできるようになれば、胴体部分だけでも美味しい値幅が取れるようになってくるはずだ。

エリオット波動を 見つけてエントリー

Q チャートの形には法則はあるの？

A チャートはエリオット波動で できている！

　フラクタル構造は、チャートのどこを切り取っても同じような形を作っていることであると説明したが、さらに理解を深めるためにはエリオット波動について学ぶ必要がある。

　エリオット波動とは、米株式アナリストのラルフ・ネルソン・エリオット氏が提唱した理論で、現在も多くのトレーダーが活用している。

　考え方としては、**8波で1セットと覚える**のが基本。波とは値動きを示しており、上昇トレンドの場合は図①のように「上昇第1波、上昇第2波、上昇第3波、上昇第4波、上昇第5波、A波（下降第1波）、B波（下降第2波）、C波（下降第3波）」の形で値動きしていると考える。はじめの5波を推進5波、残る3波を修正3波と呼ぶ。また、このうち上昇第1、3、5波、B波はトレンド方向に伸び、上昇第2、4波、A波、C波はトレンドと逆の方向に波を作る。

　さらに、抑えておきたいのは以下の3点。

・上昇第2波が第1波より安値をつけることはない

・上昇第1、3、5波の中で第3波が最も短くなることはない

・上昇第4波が第1波の高値を下回ることはない

以上の条件を満たすものがエリオット波動と考える。

　一方で、下降トレンドの場合はこの逆で「下降第1波、下降第2波、下降第3波、下降第4波、下降第5波、A、B、C」の形からなるものがエリオット波動だ。考え方や使い方は上昇トレンドと同じ。

　エントリーするタイミングは、上昇トレンドの場合、第1波の高値を超えたら新規注文を入れ、上昇第3波の値幅を狙う。

　エリオット波動の1サイクルが終了すると、続けて同じような形が出現しやすい。これを延々と繰り返すのがチャートだ。

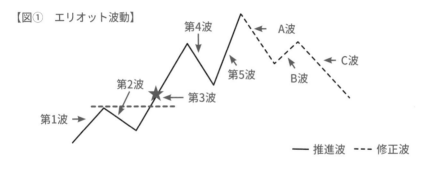

【図①　エリオット波動】

第4波
第2波
第3波
第1波
第5波
A波
B波
C波

── 推進波　--- 修正波

　黒の実線は推進波、破線は修正波で、上記のような波を描くのがエリオット波動だ。王道のエントリーのタイミングは、第1波でつけた高値（ピンクの破線）を上回った★のタイミングで行う。

　推進5波では、高値と安値を切り上げながら上昇、修正波では高値と安値を切り下げながら下落しているのが確認できるだろう。エリオット波動の条件は先述した通りのため、もし第2波が第1を下回った場合などは、根拠が崩れるのでエントリーは見送る。

必須知識編 4-6 キリ番の重要性 意識されるワケ

Q キリ番ってなに？

A キリが良い数字で 末尾00や50の価格のこと！

　プロ・アマ問わずにトレーダーが意識するキリの良い数字が「キリ番」だ。市場参加者が「150円になったら損切りしよう」「135.5円になったら売りを入れよう」など、心理的に節目として使う人が多いんだ。そして、トレーダーの思惑のぶつかり合った結果、注文が溜まりやすい。キリ番付近でもみあったり、トレンドが転換したりする可能性がある。**チャート内にキリ番を見つけたら、水平線を引いて、新規エントリーや決済の目安にしよう。**

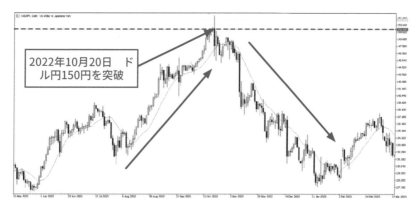

2022年10月20日　ドル円150円を突破

　上の図の水平線は150円のレートに引いている。150円を目指す上昇トレンドだったが、150円突破後は下降トレンドに転換しているのが分かる。

手動トレールで勝率を上げる

Q 損切りの位置をズラすのはアリ？

A 損失が出ているならナシ！
利益が出ているならアリ！

損切りを恐れて、レートが戻りそうだからといって損切り位置をズラすのは絶対にダメ。でも、狙った方向にトレンドが伸びたら、そのたびに損切り価格をトレンド方向に伸ばすトレーリングストップという方法はアリだと思っている。十分に利益が乗っていることが前提になるけど、もともと損切り位置に設定していた決済価格が、エントリー価格を超えれば、そのトレードでは勝ちが確定するし、もっと利益が伸びるかもしれない。

　FX会社が提供しているトレーリングストップツールを使うのも良いけど、オススメは手動で逆指値価格をズラしていくやり方。これをすることで勝率が上がるので自信にもつながるだろう。

勝ちトレードを確定させる手動トレールのやり方

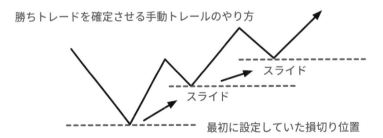

スライド

スライド

最初に設定していた損切り位置

上昇トレンドの場合最初に買いを入れた価格より、逆指値で入れた価格が高くなれば勝ちトレードが確定する！　さらに利益も伸びる可能性あり！

第4章　船出前の素振りで血豆を潰せ　実践トレードの知識

移動平均線の使い方

A

傾きを見てトレンドを判断する！

　単純移動平均線（SMA）とは、ある期間の終値の平均価格のこと。右のチャートには赤い線で表示されているのがSMAだ。**SMAは上昇トレンドでは右肩上がりに、下降トレンドでは右肩下がりに、トレンドが弱い局面では緩やかな傾斜になる。**

　僕のやり方はダウ理論を使った水平線で取引をするのが基本だから、SMAはその補助的な判断材料。長期の移動平均線を短期の移動平均線が下から上に突き抜けるゴールデンクロスや、長期の移動平均線を短期の移動平均線が上から下に突き抜けるデッドクロスなどは有名だけれど、僕は使わない。

　僕の場合、SMAを２本使っていて、一つの設定期間は21、もう一方はその４倍である84に設定している。SMA21はローソク足に寄り添うように動くことが多いから、視覚的にトレンドが安定しているかを分かるようにしている。

　そしてSMA84の使い方だが、21の４倍というのが肝だ。**SMA21の４倍の期間の平均価格がSMA84なので、４倍の時間軸でのSMA21の位置が完全に重なる。**例えば15分足の４倍は１時間足だから、15分足にSMA84を設定すれば、15分足で１時間足のSMA21の位置やローソク足の関係を見られるというワ

ケ。さらに１時間足にSMA84を置けば、４時間足のSMA21の状態を一画面で確認できる。トレードでは常に上位足との関係を見たいから、これは視覚的に使いやすい方法だと思っている。

４時間足のSMA21を、１時間のSMA84で把握

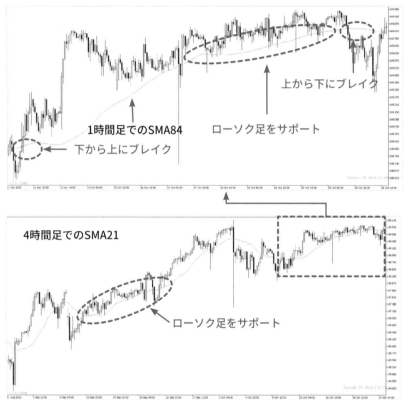

４時間足の破線で囲った部分が１時間足で表示している時間軸だ。比べてみると、１時間足で表示したSMA84と４時間足のSMA21が同じ形を描いているのが分かると思う。

第4章

船出前の素振りで血豆を潰せ　実践トレードの知識

111

4-9 トレンドラインの使い方

Q トレンドラインは何のために引くの？

A トレンドを把握して
エントリーポイントを探すため

　トレンドラインは、視覚的にトレンドが分かりやすいというメリットがある王道のチャート分析の一つ。上昇トレンドでは2点以上の安値と安値をラインで結びサポートラインを引ける。一方下降トレンドでは、2点以上の高値と高値を結べばレジスタンスラインを引ける。

　また、上位足のトレンドと下位足のトレンドが一致している場合、トレンドラインは特に有効になり、押し目買いや戻り売りをする目安にしたり、トレンドラインを明確にブレイクすればトレンド転換することが多いので、目線を切り変えるための参考にしたりしている。中長期足では順張り、下位足では逆張りとして機能しやすいためそれぞれ使い分けもできる。

　トレンドラインと平行に引いたのがチャンネルラインで、トレンドはチャンネル内を上下しながら推移すると考えられている。

上昇相場でのトレンドラインの引き方

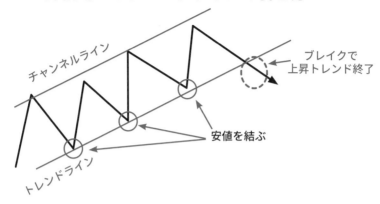

チャンネルライン

ブレイクで
上昇トレンド終了

安値を結ぶ

トレンドライン

　ラインに反応して押し目になることもあるトレンドライン。上昇相場ではサポートラインとして参考にする。トレンドラインを明確にブレイクしたらトレンドが転換する可能性がある。

下降相場でのトレンドラインの引き方

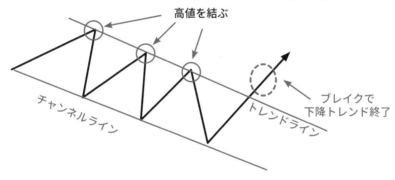

高値を結ぶ

チャンネルライン

ブレイクで
下降トレンド終了

トレンドライン

　下降相場では高値と高値を結ぶ。トレンドラインは多くのトレーダーが使う分析手法だが、自分が引いたラインにあまり反応がない場合はラインを消していこう。どんどん線を引き直していき、重要視されているラインだけを残すようにする。

チャートの向こう側に いる人を意識する

Q リアルトレードで意識すべきことはなに？

A 画面の向こう側にいる
トレーダーの心理を読むこと

　上下するチャートを眺めているとつい忘れてしまうかもしれないが、市場に参加しているトレーダーは機械ではない。あなたを含めて感情を持った生身の人間が画面の向こう側にたくさんいて、市場にはさまざまな思惑が交錯している。

　まずはどんなトレーダーがいるか想像してみよう。

・僕のようにテクニカルメインでトレードをしている人
・ファンダメンタルズのみでトレードする人
・値ごろ感でトレードをする人
・オシレーター系を使ってトレードをする人
・感情的になっているトレーダー

　街を歩けばいろんな人がいるように、相場にも多種多様な人が存在している。**どのトレーダーにも共通するのは「勝ちたい」「負けたくない」という意思を持って勝負に臨んでいる**ということ。

そして、自分とは考えが違うトレーダーが存在しているからこそ、彼らが何を考えてエントリー〜決済しているのかを想像することで、参加トレーダーの「〇〇で買いたい・〇〇で売りたい」という考え方がチャートを見ただけで読めるようになり、あなたは先回りできるようになる。

　先述したように**注文が溜まりやすいのは「キリ番」「過去に急上昇・急下落した価格帯」「目線が切り替わったレート」の３つ。これらを理解した上で、次は個々の心理を深く理解できるようになろう。**チャートを見ただけでそれぞれのトレーダーがどんなシナリオを立ててマーケットに参加しているのか分かるようになれば、次の値動きを予想しやすくなる。

　もし、トレードをする中で視野が狭くなってきたと思ったら中国の有名な武将・孫子の格言**「敵を知り己を知れば百戦危うからず」**を思い出してほしい。これは、敵の実情を把握し、自分自身のことをよく知っていれば戦に敗れることはないという意味。

　残念ながらFXでは100％勝ち続けることはできないが、他のトレーダーの心理を知り、自分のトレードの癖を把握した上で、資金管理を徹底していれば、退場する（＝恒久的に負ける）ことは避けられる。**トレーダー心理が想像できるようになれば、戦うべき相場なのか、静観するべきなのかも分かるようになる。**

　テクニカル分析の力に加えて、こういうところまで分かってくれば、あなたのトレード成績は劇的に変わるかもしれない。そのためにも、例題を見て市場参加者の心理を考えてみよう。

トレンドラインを軸にトレードする人の心境

　ここからはトレンドライン・水平線・キリ番などを使っているトレーダーの思惑を理解するために、**それぞれの視点から心境を想像**してみよう。

　まずは下のチャートを見て「①トレンドラインをサポートとして使い、タッチしたら買いを入れようとしているトレーダー」「②トレンドラインを割れたら売りを入れようとしているトレーダー」「③売りを入れたものの思うように下がらず悩むトレーダー」それぞれ自分だったらどんなことを考えるのか想像して欲しい。

【上昇トレンド発生中のあるシーン】

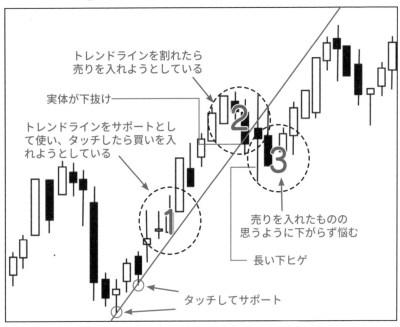

一つのポジションから複数の心の声を想像する

　まず①では、トレンドラインにヒゲが2回タッチしてサポートされていると判断したトレーダーが押し目を狙っている。エントリーする際の心境としては「3回目もサポートが有効な場合が多いから買い優勢でしょ！」「サクッと買いで入って一番近い水平線辺りで決済しちゃいたいな」「損切りは最安値らへんに設定しよう」「トレンドラインをブレイクしたら損切りしよう」などを思い浮かべるのではないかと想像できる。

　これはあくまでも例で正解はないが、トレーダー心理の予想を繰り返すことであなたの経験値も上がる。

　続いて②では、トレンドラインを実体でブレイクして売りで値幅を狙うトレーダーの心理。「2回サポートされたラインを割ったってことは強い売りが入るかも！」「確定足で抜けたし、目線は下でしょ」「この下げは一時的かもしれないから少し値幅が取れたら逃げよう」「損切りは一番近い水平線に設定しておこう」などと予想できる。

　③は売りで入ったものの下がらずにポジションを手放せずにいるトレーダー。「長い下ヒゲも出ているし下がるだろう」「少し上げても一番近い水平線付近までは落ちるだろう」「ダマシの下げかも？　損切りは水平線でしよう」「トレンドラインを再び上にブレイクしたら損切りしよう」など。**自分がその立場になったときに考えそうなこと**をノートなどにメモしよう。

水平線ブレイクで急落！　トレーダー心理は？

　次は水平線をブレイクして急落したチャートを見た、トレーダー心理を想像してみよう。

　太い水平線は日足で確認できたサポートライン。これまでかなり意識されてきた水平線を確定足でブレイクしたと仮定する。

　①はブレイクアウトで売り狙っていたトレーダー、②は水平線で長いヒゲを確認し買いを入れたトレーダー、③は水平線がレジスタンスになっているのを確認して売りを入れたトレーダー。一つにつき、４つずつ心境を想像して書き出してみよう。

【下降トレンド発生中のあるシーン】

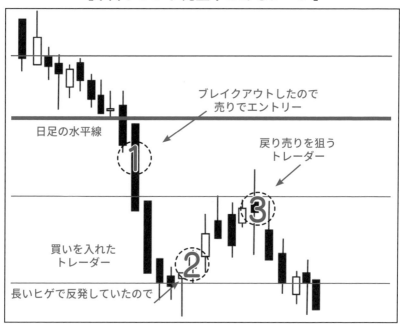

答えがなくても想像し続けるのが重要

　今回は上位足である日足で意識されていたサポートラインをブレイクして、下降に勢いがついた相場だった。多くのトレーダーがサポートとして見ていた水平線を抜けると、追随するように急落するのは珍しいことではない。だから、ブレイクを待っていた①のトレーダーは「これは大きく下がるからしばらくポジションをホールドしよう」「大きく下がったら一回利益確定しておこう」「強いサポートラインだったから下落は騙しになる可能性も。損切りは浅めに設定しよう」「急落→急上昇もありえるから急上昇したらすぐ損切りしよう」などと考えるだろう。

　②は水平線で反発したのを確認して「買い」を入れたトレーダー。「ヒゲが長いから絶対上がる！一番近い水平線付近で決済しよう」「半値付近まで上がるだろうから買っておこう」「逆張りになるから損切りは次の水平線付近に設定しよう」「少ししか上がらないかもしれないから薄利でもプラスになれば良いかな」など。

　③で戻り売りを狙うトレーダーは「日足で意識されたサポートラインブレイクで乗り遅れた！　戻りで絶対売りたい」「日足のラインブレイクでも乗れたけど戻りでポジションを増やしても良いかな」「このまま上がるかも。日足のラインを上にブレイクしたら損切りしよう」「トレンドが上になったら損切りしようかな」などと、自分なら考えるだろう。

　これらは答えがないため、あなたが何を思っても間違いではない。考えることが大事なので僕の予想は思考し続けるための参考にしてほしい。

ここにはどんなトレーダーがいる？

　水平線の前後でポジションを持ったトレーダーがどんな心境なのかを想像してきたが、次はそれを応用して「どこにどんな思惑を持ったトレーダーがいるのか」を考えてみよう。

　下のチャートのヒントを参考にして、水平線を目安に取引をしているトレーダーが何を考え、どこでエントリー、どこで決済・損切りをしようと考えているのか印をつけながら予想してみてほしい。

水平線を使うトレーダーの思考

ヒント
Aがレジスタンスラインとして機能
BとCはサポレジ転換している

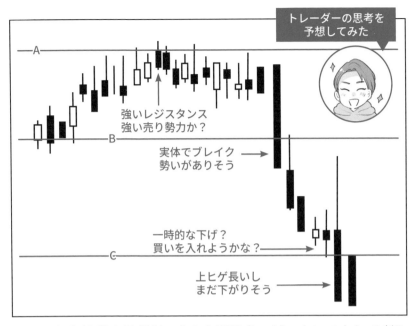

トレーダーの思考を
予想してみた

A

強いレジスタンス
強い売り勢力か？

B

実体でブレイク
勢いがありそう

一時的な下げ？
買いを入れようかな？

C

上ヒゲ長いし
まだ下がりそう

　ここからは僕の予想だ。Aの水平線をレジスタンスとして考え
たトレーダーは、「売りを入れる、または売りのポジションを入
れる作戦を立てている」と考えるだろう。そして、Bの水平線を
ブレイクすることを準備していたトレーダーは、売りポジション
を持つ。損切りはAのラインを実体で超えたあたりで、ここから
急上昇するかもしれない。

　そして、Cのラインでは反発を確認して「一時的な下げ」と判
断し「買い」のポジションを持つトレーダーもいることだろう。
しかしながら、Cの水平線を実体でブレイクしているため、損切
りを入れる人もいそうだ。現にCのラインをブレイクすると、急
下降し、売り優勢となっている。飛び乗りで売る人、戻しを待っ
て売る人などがたくさんいそうだ、などと考える。

　これらの考え方は抽象的であるため感覚を掴むのは難しいかも
しれないが、**毎回どこにどんなトレーダーがいるかを考え続ける
ことで、チャートを見るときの解像度はより高くなる**だろう。

急下降後に急上昇！　トレーダーの思考を読む

　急下降したあと、すぐに急上昇して価格を戻すことがある。そういった場合に気を付けたいのは高値掴み・安値掴みだ。

　①は起点になっている水平線をブレイクしたのを確認したトレーダー、②はまだ下がると考え安値掴みをしてしまいポジションを手放せずにいるトレーダー、③は下降から上昇に目線が変わったと判断し起点の水平線をブレイクして買いを入れたトレーダー。

　今回も４つずつそれぞれのトレーダーの心理を予想してみよう。

【急下降・急上昇を繰り返す相場】

起点の水平線ブレイクで
売りを入れる

ブレイクアウトしたので
買いでエントリー

まだ下がると考え
安値掴みをしてしまう

高値掴み・安値掴みで焦るトレーダーもいる

　急下降して急上昇、または急上昇して急下降する相場は珍しくなく、作戦もなしにどちらかに飛び乗ると高値掴み・安値掴みをして懐が痛む結果につながりやすい。

　①はブレイクアウトを根拠に売りでエントリーし「起点を下抜けたから大きく下がることに期待」「ローソク足も強気で下落しているからしばらくは下降が続きそう」「ヒゲがない陰線だからまだまだ下がるはず」「一時的な下げかもしれないから損切りはAのラインに設定しよう」などと考えているトレーダーがいるだろう。

　②は「Cのラインを実体でブレイクしているのだから、これは売りでしょう」「Cを実体で抜けたら損切りしよう」「上がっても一時的な上昇かな。Aを実体で抜けたら損切りしようかな」と、上昇は一時的だと考えたり、損切り位置を悩んだりする人がいると予想。

　③は「目線が下から上に切り替わった！　急上昇に飛び乗ろう」「下ヒゲが長いから上昇の勢いは強いはず」「損切りはDのラインを実体で抜けたらしよう」「サクッとAのラインで利益確定しちゃおうかな」「上昇トレンドに変わっただろうから、押し目がきたらポジション追加しようかな」など、急上昇に飛び乗った人の心理などを想像することができる。

ダブルボトムを発見！　トレンド転換？

　以下は、下降トレンド中に発生したダブルボトム。４時間足で確認した重要な水平線に反応して反発しているため、トレンドが転換したと考えるトレーダーもいるだろう。しかし、下降トレンドが継続していると判断するトレーダーがいることも念頭に置いておこう。

　①で売りを仕掛けたトレーダー、②で４時間足に反応していることを確認して買いを入れたトレーダーの心理を想像しよう。そして、③にはどんなトレーダーがいるかを考えてみてほしい。

【下降トレンド中にダブルボトムを発見】

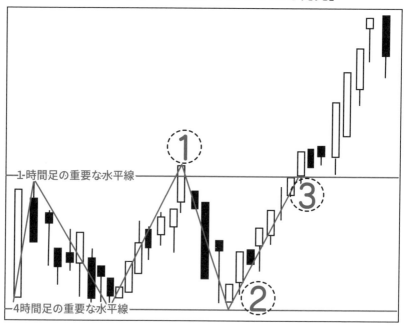

チャートパターンを見逃すな！　トレンド転換の分析

　①の局面で売りを仕掛けたトレーダーは「４時間足の線までは価格が落ちるだろう」「下降トレンドはまだまだ続くだろうから、しばらくポジションをホールドしよう」「損切り幅は浅く設定してみようかな」「明確なトレンド終了サインが出るまで売りで仕掛けよう」などと考える人もいるだろう。

　また、②で買いを検討するトレーダーは「ここで反発すればダブルボトムが形成されることになるかもしれない」と予想する人や「下降トレンド中だから買いを持つのはこわいけど上がりそう」「４時間足で反発しているのだから、自信を持って買いを入れよう」「１時間足の水平線までは絶対に上がる」などと考える人がいるかもしれない。

　そして、ダブルボトムが形成された後の③では、トレーダーはどんなことを考えるだろうか。③はまだ１時間足の線を抜けていないタイミングなので「この水平線を上にブレイクすれば買い勢力が強くなりそうだな」「ダブルボトムが出ているし、水平線を抜ける前に買いを入れてしまおうかな」「１時間足で見たとき、確定足で水平線をブレイクしていたら買いを入れようかな」「下降トレンド中だったし、１時間足の水平線に反応して下がりそうだな」などと考えるトレーダーがいるだろう。

　結果的には１時間足をブレイクし、上昇トレンドを形成。**良いタイミングでエントリーして順張りできれば大きな利益につながる。チャートパターンを見逃さず、冷静にトレーダーの思考を分析できれば十分勝てる相場だったというワケだ。**

フラッグを発見！

　チャートパターンが出現したときのトレーダー心理も考えていこう。

　以下のチャートでは急上昇後、価格が下がり始めた。トレンドラインを引くと、フラッグに見えるが、市場参加者全員がフラッグと認識しているワケではない。そこで、①では急上昇に買いで飛び乗ったトレーダー、②は遅れて買いで飛び乗ったトレーダー、③はフラッグかもしれないと予想したトレーダーの心理を想像してみよう。さらに、フラッグだと気が付いたトレーダーはどこで押し目買いを狙うのかも考えてみよう。

【急上昇！　フラッグを確認】

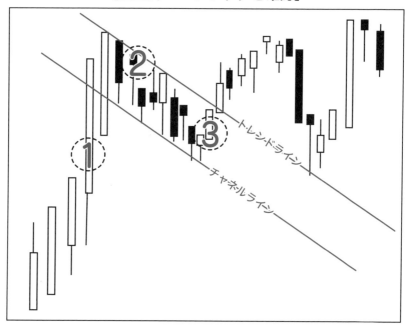

フラッグのシグナルはトレンド継続！

　①の急上昇に飛び乗ったトレーダーのなかには「あわてて飛び乗ってしまった！　早めに利益を確定しよう」「強い上昇だから利益が伸びそう」「上昇トレンドが発生したかもしれない」「良いところでエントリーできたからポジションをホールドしてみよう」などと考える人もいるだろう。

　②で買いを持ったトレーダーは「買いで入るのが遅すぎたかもしれない」「高値掴みになっていそうだから損切りしよう」「高値掴みしてしまったが下落するのは一時的だろう」「上昇に勢いがあったから今は下がっているけれどしばらくポジションをホールドしておこう」と考えるトレーダーが一定数いるはずだ。

　一方で③あたりで、フラッグと気が付いたトレーダーは「この下落は一時的だ」「押し目買いを狙えそうだ」「次にチャネルラインに触れたら買いを入れよう」「チャネルラインに反応して上昇しているから成行で買いを入れてしまおうかな」などと、買いを仕掛けるトレーダーが多いと予想できる。

　結果的には、急上昇後の下落は一時的となり、買いを仕掛けた人が利益を得られる相場となった。今回の場合は、明確なトレンド転換のシグナルなどはなかったので売りを仕掛けるのは危険。**トレーダーの心理を予想していけば、負けにつながる逆張りを防げることもあるので、分析に力を入れて順張りを心掛けよう。**

損切り注文による急下降で値幅を獲る！

　以下は、下降トレンド中に逆張りを仕掛けるトレーダーがいることを予想し、急落を狙った戦略を立てるのに相応しいチャート例。

　水平線付近ではトレーダーの思惑が交錯する。①〜③で、どんなことを考えるトレーダーがいるかイメージしてみよう。トレーダーの思惑を予想した上で、下のチャートで売りを入れるならどのタイミングか考えてみてほしい。それぞれのトレーダーの考えを読み解くことで、急落に備える力が身につくかもしれない。

【損切り注文を狙った利益確定戦略】

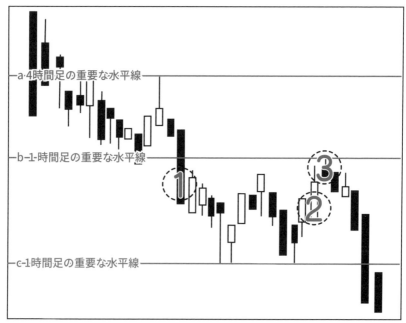

逆張りで価格が伸び悩むトレーダーの損切りで急落

　まず、aの４時間足の重要な水平線を下にブレイクしていて、売り勢力が強いことが読み取れる。そして、bの水平線も下に割った。この場合①付近では、「勢いよく下に抜けた！　この波に乗ろう」と成行での売りを仕掛ける人や「aまで価格が戻ってきてから売ろう」と検討する人がいるだろう。さらに「そろそろ反発するだろうから逆張りを仕掛けようかな」と考えるトレーダーもいるかもしれない。その逆張りトレーダーが買いを仕掛けるとしたら、c付近である可能性が高い。なぜなら、cで二度反発しているから。ここで逆張りするのは危険だが、それを承知で損切り幅を浅めに設定して買いを狙うトレーダーはいるはずだ。

　そこで考えてほしいのは、cで反発したのを確認して②で買いエントリーしたトレーダーが、どこに損切りを置くかということ。可能性が高いのはcの水平線の少し下付近。cを再び抜ければ損切りしようと逆指値を置くトレーダーが多かった場合、急落につながりかねない。それを予想して、bの水平線下である③に売りを仕掛けるトレーダーも少なくないはずだ。僕もこの場合は③で売りを仕掛ける。

　そして、案の定cの水平線を下に抜けると急落。売りを仕掛けるトレーダーに加え、買いを持っていたトレーダーがポジションを損切りしたことで、下落に勢いがついたと考えることができる。

　こうやって**一つ一つの水平線にどんな思考を持ったトレーダーがいるかを予想していけば、トレードシナリオを描きやすくなる**ので、常日ごろから考える癖をつけよう。

認知的不協和に陥っていないか

　イソップ寓話の一つに「すっぱいブドウ」という物語がある。話の主人公・キツネが美味しそうな実を見つけたけれど、それが高いところに実っていたのでキツネには届きそうにない。キツネは食べてもいないのに「あのブドウはどうせ酸っぱくて美味しくないはずだ」と決めつけてブドウを諦める。これがあらすじ。

　ブドウを食べたい願望はあるけれど、物理的に届かず食べられない。そこには願望と現状に相反するものがあるため、諦めるという行為を正当化するべく「あのブドウはどうせ酸っぱくて美味しくない」と理由をこじつける。**この心理を認知的不協和と呼ぶ。**

　FXでもすっぱいブドウと同じケースに陥ることがある。1時間足を基準に持ったポジションで含み損が出ていたとする。そんなときに、利益が出てほしい、損切りをしたくないという気持ちが強くなるのは当然のこと。しかし、損切りしなければならないのにできず、日足を見て損切りしなくて良い理由を探す。SNSで自分と同じポジションを持っている人を検索して正当化する意見を探す。これも正に認知的不協和だ。

　そうならないためには**トレードに感情を入れない**ことが大切だ。トレードの勝敗に執着せず、必要のない感情とトレード結果をリンクさせないようにしよう。自分のルール通りに売買する。それも難しいのであれば**ロットを下げて、冷静な自分を取り戻す。**

　損切りが遅くなり、コツコツドカンをしてしまう人はすっぱいブドウを思い出して認知的不協和に陥っていないか、今一度自分を見つめ直そう。

第5章

大漁旗を掲げよ！
爆釣FXドリル

実践・勝ちトレード エントリーの流れ【解説①】

過去のチャートから学ぶ！
エントリー〜決済の流れを解説

ドル円 買い 2023年4月28日

この日は日中に強い上昇を確認。価格が大きく動くと飛び乗りたくなるが、焦らず堅実に、勝率を上げられるトレードを意識しよう。

週足の環境認識

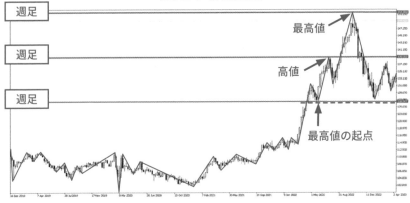

大きく上昇し、最高値をつけて下落。最高値の起点でサポートされ、その後は安値を切り上げている。長期目線では一時的に押し目になったものの、再度上を目指す流れに転換したと判断する。

日足の環境認識

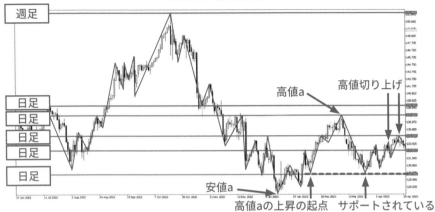

日足では、最高値をつけて以降、売り優勢となっていたが、安値aの後は高値を切り上げながら上昇。高値aを付けて下落するも、高値aの上昇の起点にサポートされ、再び右肩上がりとなっているため、買い優先と判断。

4時間足の環境認識

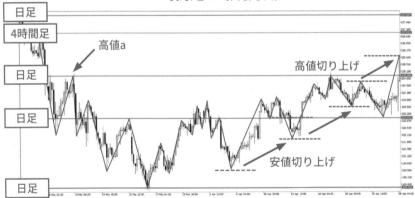

4時間足では、安値と高値を切り上げていて、上昇トレンドを形成していると判断。また、日足で引いた高値aの水平線をブレイクし、さらに買いの勢いが強くなっている。

1時間足の環境認識

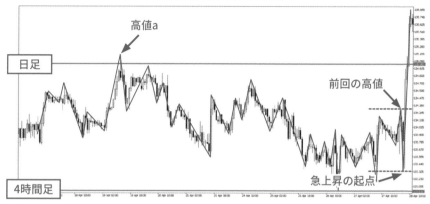

　１時間足では、前回の高値・高値aをブレイクして急上昇しているのが分かる。勢いのある上昇だったため、一時的な戻りで大きく値を下げる可能性もあるので警戒は必要。

15分足の環境認識

　１時間足で確認したように15分足でも大きく値を上げ、その後は値動きがややもたつく展開に。とはいえ、高値と安値も切り上げているので、直近の安値に引いた水平線を下に抜けて上目線が崩れない限り、上昇の勢いは続くと判断する。

５分足の環境認識

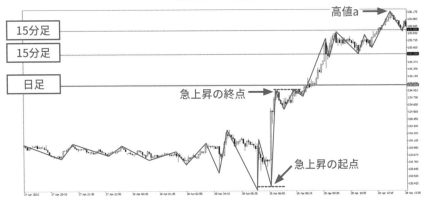

５分足でも、急上昇を確認。価格が戻ることなく高値aをつけ、その後の上げ幅は減少した。高値・安値を切り上げ続けているので５分足で見ても、買い優勢と判断。

エントリーの戦略（５分足）

大きく上げた後に上昇トレンドへ乗るのは怖いかもしれないが、それぞれの時間軸で確認した通り、目線はまだ下へ切り替わっていない。できるだけ安く買って高く売りたいので、今回は安値①まで値を引きつけて破線ボックスあたりに指値で買いの予約注文を入れる。

利益確定の戦略（15分足）

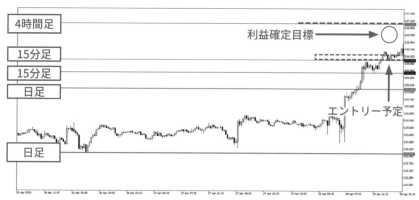

　4時間足の水平線までレジスタンスラインがないため、その下の〇部分に指値注文を入れた。うまくいけば大きな利益につながる可能性が高い。

損切りの戦略（5分足）

　日足にも損切りの参考になりそうな水平線があったが、理想は「損小利大」のトレードなので15分足で引いた水平線の下あたりの×で損切りすることにする。

トレードの結果（15分足）

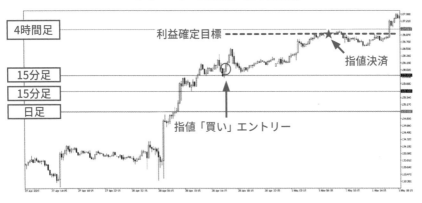

4時間足	利益確定目標
15分足	
15分足	指値決済
日足	指値「買い」エントリー

　狙い通り、エントリーを予定していた15分足の水平線まで価格が戻ったため、「買い」の指値注文が約定。利益確定目標を突破し、★で予定通り決済された。結果は61pipsの獲得となった。

今回のトレードのポイント

週足〜5分足で上昇トレンドを形成	週足での上昇トレンドは、一度反落したものの崩壊はしていないと判断。日足以下の時間軸でも上昇トレンドを形成していたので、順張りでトレード。
大きな上昇を見ても慌てずエントリー	上昇の勢いが強い場面があり、飛び乗りたくなる気持ちもあるが、ギャンブルトレードにならないよう慌てずに下位足で戻りを待ってからエントリーへ。
勢いのある相場では反発に注意	急激な上昇が確認できる相場だったため、反動で急激に下がる可能性も。チャートを見られないときは必ず逆指値を入れよう。
チャートを監視せず利益を出した	思い描いたシナリオ通りに動いたため、エントリーの指値注文が無事約定した後、利食いの指値を入れていたので、自動的に利食いをしてくれた。

実践・勝ちトレード
エントリーの流れ【解説②】

チャートを使った検証は必須
問題を解いて実力アップ！

ドル円　売り　2020年7月20日

長期的にゆっくりと下降している相場で、勢いのある上昇を確認。
しかし、レジスタンスライン付近で上値が重くなっていたので戻
り売りを狙う。

週足の環境認識

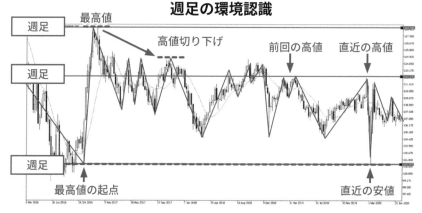

　最高値をつけたあとは高値を切り下げながら下落。直近の高値
は、最高値の起点がサポートになっている。また、直近の高値は
前回の高値を上抜くことはできなかった。週足で見ると、上下し
ながらも値を下げているので、売りを考えるトレーダーが多く
なってきていると判断する。

日足の環境認識

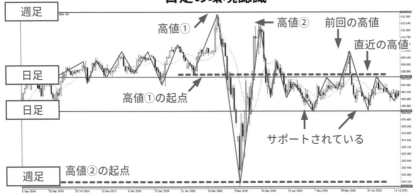

日足レベルでは、高値①の起点を割って急落する局面もあったが、その後急上昇して値を戻した。しかし、高値②は高値①を抜くことはできず、週足同様ゆっくりと下落。その後は高値①の起点がレジスタンスである。レンジになっているが上値が重いため、売り優勢と判断。

4時間足の環境認識

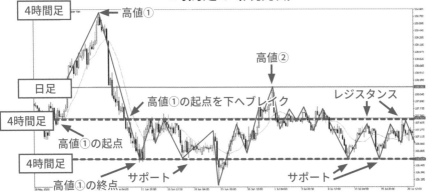

4時間足では、上昇の勢いが強かったが、高値①の起点を下へブレイクしたことで目線が下へ切り替わった。その後は高値②をつけて上を目指したが、高値①の終点がサポートラインに、高値①の起点がレジスタンスラインになり値幅が減少。高値も切り下げ続けているから、レジスタンスラインを超えない限りは、売り優先のチャート分析が望ましいね。

1時間足の環境認識

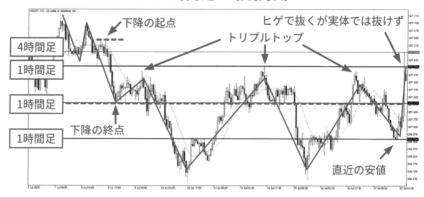

　1時間足では、下降の終点の価格帯が意識されていると判断し、水平線を引いた。さらに、売りシグナルであるトリプルトップを発見。1時間足で意識されている水平線をヒゲで上抜くことはあったが、実体では抜けていないから、売り勢力が強いと判断できるね。

15分足の環境認識

　15分足では、高値①をつけたあと、高値と安値を切り下げていて下降に勢いがあると考えられる。しかし、安値①の後は1時間足の水平線をブレイクすると急上昇し、安値①の起点も実体でブレイクしたので目線が上に切り替わった。ただ、長い上ヒゲができていて強い売り勢力もいると判断。上昇は一時的の可能性がある。

５分足の環境認識

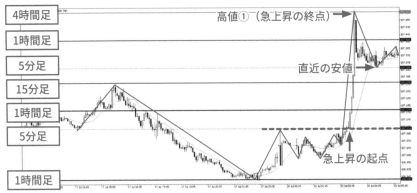

急上昇して高値①をつけるも、値動きがもたつく展開になっているので、上位足に従ってトレンドは下と判断。１時間足の水平線を実体で抜けば買い優勢になるかもしれないが、それまでは価格を上に引きつけて売りでのエントリーを試みたい。

エントリーの戦略（５分足）

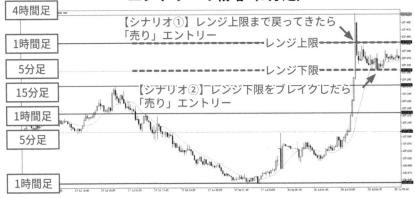

売りは動きが早いことを考慮して、二つのシナリオを立てた。シナリオ①では、１時間足の水平線をレンジ上限と考え、そのあたりまで価格が戻れば売りを入れる。シナリオ②では、５分足の水平線をレンジ下限とし、下へブレイクすれば売りで勝負する。

利益確定の戦略（5分足）

　利食いは、シナリオ①でエントリーできた場合は、15分足の水平線あたり（確定目標①）で、シナリオ②でエントリーした場合は、1時間足の水平線あたり（利益確定目標②）まで伸ばしたい。

損切りの戦略（5分足）

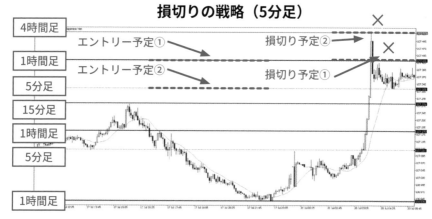

　5分足と15分足では上昇の勢いが強かったため、重要な水平線を上抜けば上位足のトレンドが転換する可能性も。そのリスクを考慮した上で、損切り幅は浅く設定。シナリオ①でエントリーできたものの逆行した場合は1時間足の水平線を超えた損切り予定①で、シナリオ②でエントリーしたものの逆行したときには、4時間足の水平線を超えた損切り予定②でロスカットする。

トレードの結果

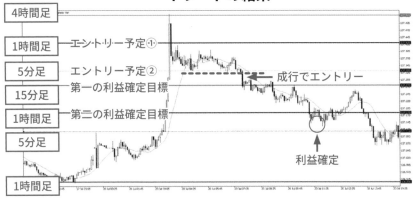

エントリー予定①までは価格が戻らなかったが、5分足の水平線を実体で下へブレイクしたため、エントリー予定②で成行の売りを入れた。狙い通り第二の利益確定目標まで到達したことを確認して決済も成行で行い、15pipsの獲得となった。

今回のトレードのポイント

上位足で売り優勢と判断	上位足では、高値・安値を切り下げたり、起点を下にブレイクする局面があり売りが強いと判断。その流れで下位足に落とし込むことができた。
勢いのある上昇に飛び乗らない	下位足での急激な上昇にも慌てずに様子見をした。上位足は売り優勢だったため、飛び乗ってタイミングが悪ければ高値掴みになっていた可能性も。
強い売り勢力がいることを確認	勢いのある上昇も上位足の重要な水平線に押さえられる結果に。その値動きで強い売り勢がいることは確認できたので、自信を持ってエントリーできた。
二つのシナリオを用意した	下降は値動きが早いため、エントリー〜決済のシナリオを二つ用意した。結果、狙い通りとなって利益を伸ばすことができた。

基礎知識 5-3 実践・勝ちトレード エントリーの流れ【解説③】

> **このトレードで負けた理由は？**
> **考えることに意味がある！**

ドル円　買い　　2023年5月26日

この日はドル円の買いでエントリーするも負けてしまった。なぜ
負けてしまったのか、その理由を予想しながら読み進めてみよう。

週足の環境認識

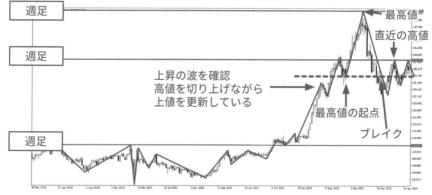

　週足では、最高値をつけて上昇トレンドを形成したことを確認。
しかし、最高値の起点を下へブレイクしたため、目線は下へ切り
替わった。その後持ち直したものの、上昇トレンドから下降トレ
ンドに転換する可能性があると判断した。

日足の環境認識

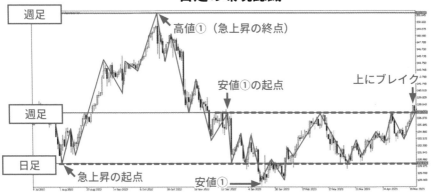

高値①までは上昇の勢いが強かったが、急上昇の起点を下へブレイクし安値①をつける局面もあった。一時的に下目線になったが、直近の値動きでは再び値を上げ、安値①の起点を実体でブレイク。目線が上へ切り替わりつつあると判断できる。

4時間足の環境認識

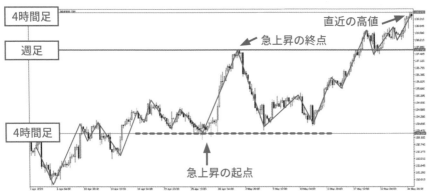

４時間足レベルでは、高値を切り上げながら上昇トレンドを形成しているのが分かる。週足で引いた水平線もブレイクしているから、買いに勢いがあると判断できる。

1時間足の環境認識

　1時間足では、高値①を付けたあとに上抜け、レジスタンス付近でもみあって上へブレイク。4時間足の水平線も上抜いて140円台目前まで近づいた。強い買い勢力がいるため、このまま140円をブレイクする可能性もある。

15分足の環境認識

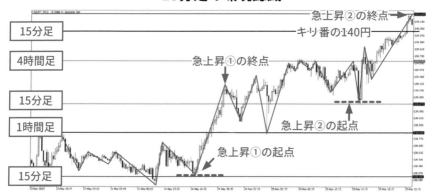

　4時間足の水平線がレジスタンスとして機能していたが、ブレイクすると140円台に乗った。15分足レベルで見ると、買いが優勢だと判断できる。

５分足の環境認識

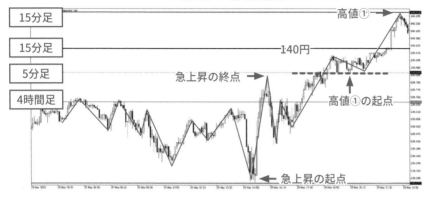

　５分足では、急上昇の終点付近が高値①の起点となっており、トレーダーから意識されている価格帯だと判断。高値①更新後に価格が戻ってきたタイミングを図って「買い」を仕掛けたい。

エントリーの戦略（5分足）

　上昇トレンドが出ているので買いを仕掛けるが、５分足で引いた水平線まで引きつけてエントリーをしたい。そのため、５分足の水平線の上あたりに「指値」注文で買いを入れた。

利益確定の戦略（5分足）

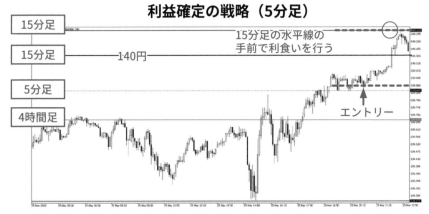

上昇の勢いが強いため、短期的に下落したのち、再び上昇を目指すと予想した。よって、15分足の水平線の手前に決済の指値を置き、利食いすることにする。

損切りの戦略（5分足）

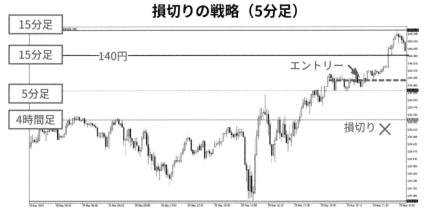

４時間足の水平線は、これまでも特に意識されていたのでここを下回れば売り優勢になると予想。そのため、４時間足の下あたりに逆指値を設定した。

トレードの結果（5分足）

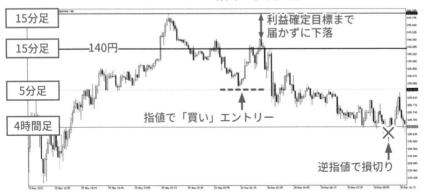

結果は、指値でエントリーに成功するも、利益確定目標には届かずに下落。４時間足の水平線を実体でブレイクしたため、設定していた逆指値が約定。24.5pipsの損失となったが、想定内の動きだったので動じなかった。

今回のトレードのポイント

利益確定目標まで届かなかった	エントリー後は、価格が上昇するも利益確定目標まで届かず下落。手動トレールで逆指値を置くこともできたが、利益の値幅が小さすぎると損小利大にならない。
押し目を待ってエントリー	結果的には負けてしまったが、押し目を待ってエントリーしたため、天井で高値掴みすることは避けられた。
負けてしまったが全て想定内の動き	下落する可能性も十分考慮した上で買いのポジションを持ったため、ロット数を調整していた。結果的に負けたが、大きな痛手にはなっていない。
機械的に損切りを行った	損切りは成行ではなく、逆指値を置いたことで機械的に行われた。その後、価格を戻しているがルールを徹底する方が大事。

練習問題 実際に線を引いてみよう！

高値を更新している局面で、
どのように戦うべきか

ポンド円　買い	2023年11月21日

時間軸ごとに目線を見ていき、全体の流れに逆らわないようにし
つつ、チャートパターンやレジサポ転換など、王道のテクニック
が詰まっているトレード教材となった。

週足の環境認識

　一目見て上昇していることが分かる。週足というチャートでそ
う見えるということは、ポンド円は長期的に買い方が優勢だった
ということ。

MEMO

日足の環境認識

　高値と安値は切り上げているものの、移動平均線とローソク足が何度もクロスしているため、日足の上昇の勢いはそれほどでもないことが分かる。

> MEMO

4時間足の環境認識

　全体としては上昇しているものの、直近は高値から下落中。実際に線を引いて、論理的にこのチャートを説明してみよう。

> MEMO

1時間足の環境認識

　頂点からの下落局面であることが、パッと見て把握できる。起点と目線の変化を、チャートに引いた水平線で説明してみよう。

15分足の環境認識

　短期足では、一見してトレンドレスのよう。何回も価格の動きを跳ね返している水準に線を引いてみよう。

５分足の環境認識

　５分足では底を打って反転したようにも見える。どのタイミングを狙っていくべきか、戦略を立案してみよう。

MEMO

エントリーの戦略（5分足）

　ここまでのマルチタイムフレーム分析から、どこでポジションを持つべきだろうか。自分なりの考え方を持つことが大事だ。

MEMO

次のページから答え合わせ！　153

回答編 5-4-2 環境認識と目線の確認 勝ちトレーダーへの一歩！

自分なりのラインを引く基準を
持つことが大切！

ポンド円　買い　2023年11月21日

週足、日足は上目線、４時間足も起点で支えられていて、上位時
間足は上昇トレンドの中で、１時間足は下降トレンドだったので、
押し目買いのチャンスを探した。

週足の環境認識

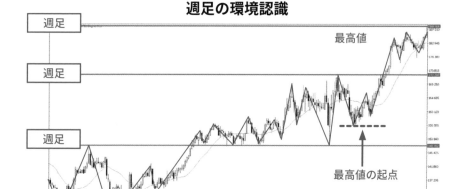

セオリー通りに最高値にまずは水平線を引くが、一番右の足が
最高値である点に注目。まさに今、高値を更新している。長期的
には、高値の起点を下回らないかぎりは、目線は上方向優先。

日足の環境認識

日足の高値は、週足と共通のラインとなる。日足レベルで見れば、下ヒゲの先が高値の起点になっており、ここを割り込まない限りは買い優先のチャート分析が望ましいね。

4時間足の環境認識

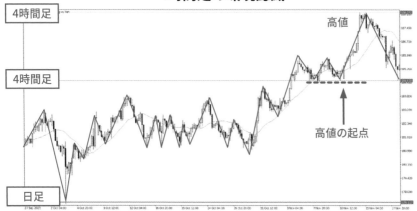

４時間足では、高値から反落中も、過去に何度かサポートになっている水平線に支えられて、下落がストップしている状況だ。このサポートラインは、高値の起点と考えても良く、割り込んでいないため、目線はまだ上のまま。

1時間足の環境認識

　高値の起点を既に下方向にブレイクしているため、その時点で目線は下。さらに高値、安値の切り下げも発生していて、１時間足レベルでは下降トレンドが継続していると判断。

15分足の環境認識

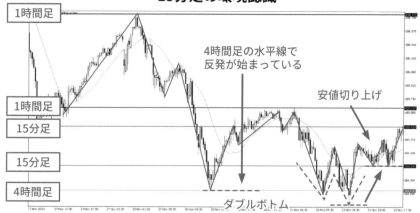

　この時間軸では、ダブルボトムが形成されており、安値が切り上がっているため、反発が始まっていると考えられる。また、この反発が４時間足の水平線付近にサポートされている点もポイントだ。

５分足の環境認識

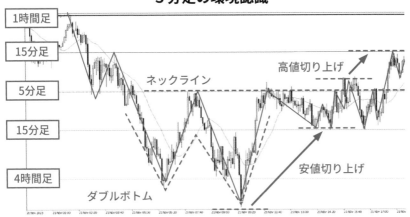

　５分足に拡大すると、ダブルボトム出現からのネックライン突破で、上昇トレンドが既に始まっていることが確認できる。高値と安値も切り上げている。

エントリーの戦略（５分足）

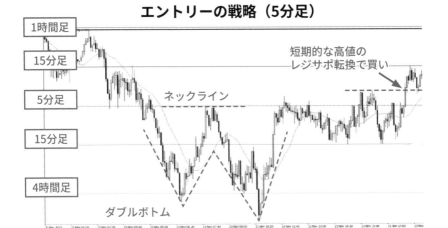

　安いところで買って上昇トレンドを追いかけたいので、５分足の短期的な高値を突破後、レジサポ転換する動きを狙って買いを入れていく。

利益確定の戦略（5分足）

1時間足の水平線の
手前で利食いを狙う

エントリー

利益確定は1時間足の水平線を狙う。水平線の真上に指値注文を入れても良いが、ギリギリ手前で反転することもよくあるので、数pips手前に今回は置くことにした。

損切りの戦略（5分足）

エントリー

15分足の水平線の
少し先に損切りを置く

損切りは15分足の水平線を基準に、逆指値注文をあらかじめ設置。損切りになったときの幅より、利益確定になったときの幅の方がやや広いため、損小利大のバランスをキープ。

トレードの結果（5分足）

エントリー後にはほぼ一直線に上昇してくれて、苦もなく1時間足の水平線に到達してあっさり利食い。+34.2pipsと十分な値幅を得ることができた。それからさらに上昇しているものの、事前の計画通りに勝てたのでよしとする。

今回のトレードのポイント

長期足で、高値更新中の局面を狙った	週足レベルで高値を更新している場面だったので、素直に買えるタイミングを狙うのが正解。反落の危険があるため、押し目を探した。
1時間足は押し目をつけていた	上位足は上昇傾向だったが、1時間足は下降していた。これはつまり、中期の時間軸では押し目をつけていた可能性があり、安く買えるチャンス。
ダブルボトムのネックライン超えで上昇	全体としては買い圧力が強い状況だったので、下位時間足での上昇チャートパターンを見つけられれば、買いエントリーの合図となる。
小さなレジサポ転換を狙って指し値買い	短期的な高値を突破してから戻ってきて、そのラインが今度はサポートになる、レジサポ転換に期待してエントリーした。

有効な線を引くイメージを養うトレーニング！

週足の最高値に
背を守ってもらいながら売る戦略！

ドル円　売り　2023年11月15日

まだ記憶に新しい人もいるだろう、2023年の円安ドル高の最高値局面から、逆張りで仕掛けてうまくいったパターンを抽出してみた。

週足の環境認識

　最近の相場なので、このチャートに見覚えがある人も多いはず。しかし先入観を捨て、記憶を封印して、まっさらな気持ちで水平線を必要な分だけ引いてみよう。

MEMO

日足の環境認識

　線を引くまでもなく、上昇していることが分かるチャート。そういった直感的な判断はある程度は必要。ただし、そのあとちゃんと線を引くことも大事だ。

4時間足の環境認識

　日足と比べると、上下動が激しくて、やや判断に迷うかもしれない形状だ。こういう場合は、結局のところ水平線を引いてみないと分からない。

MEMO

1時間足の環境認識

　移動平均線に沿ってマイペースで上がったあと、一気に下方向に突き抜けているのが１時間足の現状だ。

15分足の環境認識

　下方向への大きな動きが目立つ15分足。長いヒゲがあるので、忘れずに線を引くようにしたい。

５分足の環境認識

　下落後、あまりはっきりしたトレンドがないように見える５分足。重要と思える位置に、水平線を引いてみよう。

MEMO

エントリーの戦略

　ここまでに引いた水平線や目線、起点の変化などを基に、エントリーの戦略を立ててみよう。

MEMO

まだ下降に転じていないが ダブルトップが目印に

> 下降の初動を見極め、
> ボックス相場を上手に利用してみた

ドル円　売り　2023年11月15日

ダウ理論、起点、目線の考え方では、週足や日足は上昇のまっただ中という解釈もできるが、4時間足で完成しそうなダブルトップを活用できた。

週足の環境認識

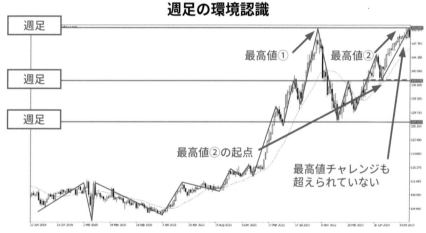

週足

週足

週足

最高値①

最高値②

最高値②の起点

最高値チャレンジも
超えられていない

　ドル円の最高値局面での分析を学んでいこう。最高値①を、最高値②は超えられていないことが分かるよね。これはつまり、この時点ではダウ理論的に高値更新の失敗＝上昇トレンド継続の失敗。ただし、最高値②の起点を下抜けていないので、まだ目線は上方向ってことになる。

日足の環境認識

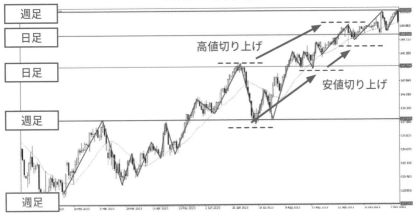

　日足は高値、安値ともに切り上げていて、上昇トレンド継続中
という判断になる。重要な週足、日足の水平線に対して、一度上
に抜けたものに対して、下に抜けていないことが確認できるだろ
う。

4時間足の環境認識

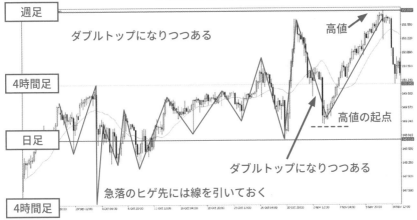

　4時間足も基本的には上昇しているが、日足と比べると急上昇
や急下降があり、あまり綺麗な波になっていない。また、あまり
綺麗な形ではないが、ダブルトップになりつつあることが分かる。
ただし、高値起点（＝ネックライン）を抜けてはいない。

1時間足の環境認識

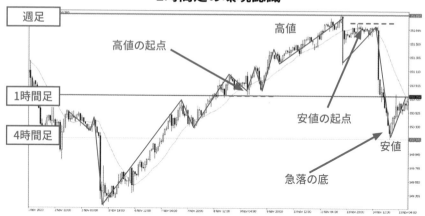

移動平均線にサポートされながら、一定のペースで上昇していたところ、高値をつけて急落した。高値の起点を割り込んでいるため、目線は下。安値の起点を上回るまでは売り優先で考えていく。

15分足の環境認識

15分足に拡大すると、安値をつけたあと、安値の起点を上回ることはできず、目線は下のまま。それでいて直近はボックス相場になっていることが分かる。

5分足の環境認識

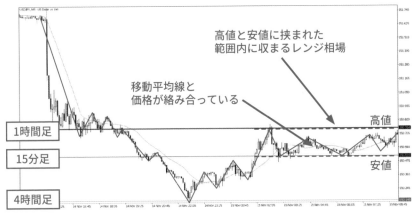

5分足で見ると、レンジ相場になっていることが分かりやすい。全体の流れは売り圧力が強いとしても、目先はトレンドレスになっていると解釈。

エントリーの戦略（5分足）

レンジ相場は内側に戻りやすいので、この習性を利用して戻り売りのタイミングを狙っていく。高値のほんの少し手前に、指値売りの注文を設置。

利益確定の戦略（5分足）

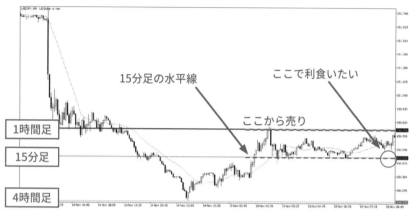

15分足の水平線

ここで利食いたい

ここから売り

1時間足

15分足

4時間足

　利益確定は、手堅くレンジ下限になっている15分足の水平線付近を狙う。もちろんその下の４時間足の水平線まで利を伸ばしていくのもあり。そういう場合、半分だけ利食いしたり、損切り位置を手動トレールでずらしていくのも有効。

損切りの戦略（5分足）

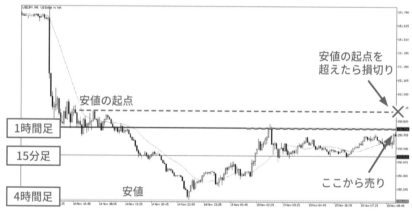

安値の起点を
超えたら損切り

安値の起点

1時間足

15分足

4時間足

安値

ここから売り

　手近なラインがなかったので、安値の起点になるであろう高値に水平線を引き、その水準を上抜けしたら損切りを実行する。

トレードの結果（5分足）

レンジ上限から売りを入れたところ、おおむね順調に下がって
くれて、15分足の水平線にタッチしたところで利益確定。その
下の４時間足まで狙っていた場合は、すぐには利益確定できず、
含み益保有ということになる。

今回のトレードのポイント

最高値圏からの反発を狙った	ドル円の最高値付近での値動きを追った。解説にある最高値①を②が超えられなくて、上昇トレンドの継続には成功していなかった。
上位足は上目線だったが下位足は下目線	最高値に迫る値動きだったため、週足、日足といった上位足の目線は上だった。ただし目立つ高値を超えられていないため、売りを狙った。
完成間近のダブルトップを利用	4時間足には、有名な下降パターンであるダブルトップになりそうな形が現れていた。完成を待たず、下方向への圧力として解釈した。
利を伸ばす選択肢もありだった	15分足の水平線で利食いしたものの、その下の4時間足の水平線を狙う手もあった。その場合は、分割利食いや、手動トレールを活用。

パッと見の直感が正しいかを水平線を引いて確かめる！

下降局面を見極め、
どのタイミングで入るかをイメージ！

| ユーロドル | 2023年9月19日 |

円が絡んでいない通貨ペアでも、基本的にトレードに対する考え方は変わらない。ユーロドルのチャート分析やトレードシナリオ想定にチャレンジしてみよう！

週足の環境認識

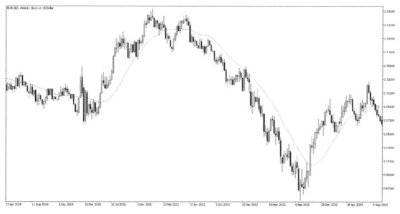

移動平均線に沿って大きく下落してから、移動平均線を追い越す形で上昇に転じている局面。パッと見てよく分からない場面こそ、起点と目線の考え方が役に立つんだ。

MEMO

日足の環境認識

　ローソク足と移動平均線が何度かクロスしており、高値と安値の位置関係を見るに、明確なトレンドは出ていなさそうな場面。

4時間足の環境認識

　一目見て、高値も安値も切り下げているので、下降トレンドであると感覚的に把握しやすい。実際に線を引いてみて、感覚が本当に正しいかを確かめよう。

1時間足の環境認識

　大きく下げたあとの反発局面か。このチャートのように急激に上がったり、下がったりしている場合は、頂点や谷に線を引くクセをつけよう。

MEMO

15分足の環境認識

　あまり明確な方向性がないように見えるチャート。こういう場合は、起点による目線の変化で、方向を絞り込んだ方がうまくいく。

MEMO

５分足の環境認識

　チャート中央を頂点に、上がってから、下がっているのが５分足。短期チャートは、目先のエントリーや決済の基準になるので、分析は非常に重要だ。

エントリーの戦略

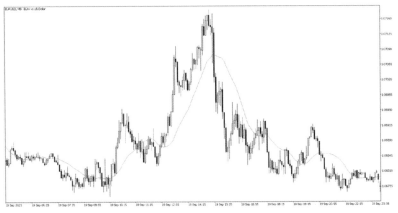

　どこでエントリーするかを、これまでの上位足からのマルチタイムフレーム分析をベースに考えてみよう。

売り局面での効率的な売買をトレード例から理解

5-6-2

身に付けた知識をフル動員して、
筋書きを書いてみる

ユーロドル　　2023年9月19日

長期足は、明確とまではいかないけど、上か下かでいえば売り目線。その中で一時的な上昇の最中に現れたレンジ相場を利用して、売りを仕掛けるシナリオを紐解いてみよう。

週足の環境認識

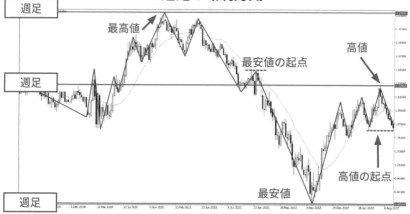

　チャート一番下の最安値をつけたあと、反転上昇している。しかし最安値の起点を上回ることはできず、目線は下方向のままであることを確認。また、少し短い視点の高値の起点でサポートされているものの、このまま下方向にブレイクすれば、短期的に目線は下に。

日足の環境認識

日足ベースでは、高値の起点を既に下抜けしており、目線は下方向にシフトしている。また、移動平均線が右肩下がりで、それに沿って下落しているところからも、下降トレンド発生中と解釈してOK。

4時間足の環境認識

4時間足は、綺麗に下降トレンドになっている。高値、安値ともに切り下げているため、売るタイミングを探すべきと教えてくれる。

1時間足の環境認識

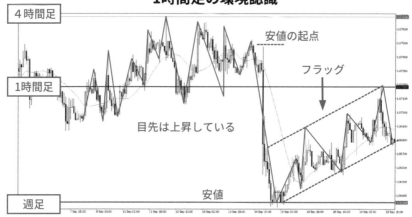

この時間軸で見ると、週足のライン付近まで下落したものの、そこから反転している。こういう急落の底は、重要な水平線になりやすいのでチェック。その後は高値と安値を切り上げており、短期的には上昇しているが安値の起点は超えていない。

15分足の環境認識

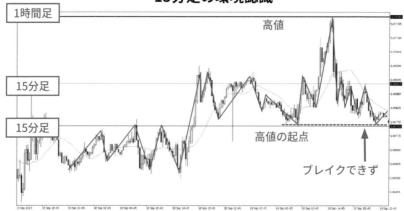

高値をつけてから下降しているものの、高値の起点を超えることはできず、目線は上のままといえる。短期的な上昇があるかもしれない状況。

５分足の環境認識

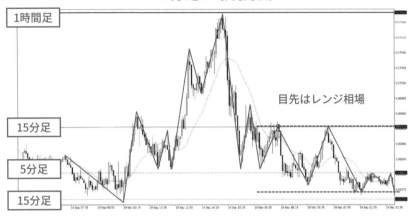

５分足で見ると、おおむね一定の高値と安値の間を行き来しているレンジ相場で、現在はレンジ下限付近に滞在していることが分かる。となれば、レンジ上限に向かって反発するケースも想定される。

エントリーの戦略（5分足）

全体の流れに沿って下降トレンドに乗る形で、売りを入れていきたい。レンジの上限からの戻り売りを狙っていく。

利益確定の戦略（5分足）

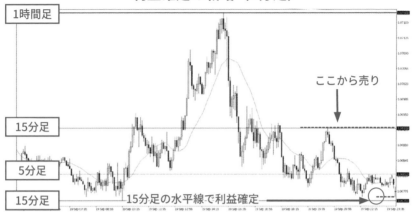

　利益確定はあまり無理をせず、15分足の水平線を目安にする。さらに利益を伸ばすことを狙うなら、売りポジションの半分を利食い、もう半分で続落に備えるという考え方もアリ。

損切りの戦略（5分足）

　損切りを1時間足の水平線まで引っ張ると、利益と損失のバランスがかなり悪くなるので、臨時で引いた高値の少し上に逆指値注文を入れておく。

トレードの結果（5分足）

注文を入れてからすぐにはエントリーしなかったが、８時間程度経過後の急上昇で売りが入り、すぐに下落して利食いとなってくれた。

今回のトレードのポイント

週足と日足は、目線的には下だった	週足と日足は、水平線を引かないと一見してどっちに向かっているか分かりにくい形だけど、線を引いてみると下目線であることが把握できる。
1時間足で戻りを取れた	1時間足は、安値の起点を抜けていないため、目線は下であるものの、直近は上昇していて戻り売りのチャンスであることが分かる。
レンジ相場の上限からの反落を狙った	5分足はレンジ相場になっていた。レンジ相場は、どちらかの線を抜けるまでは内側に戻りやすいので、戻り売りを狙った。
成行だと売買が難しい状況だった	トレードを決断してからエントリーまでに時間がかかり、また利食いできるタイミングも一瞬だったので、IFO注文を入れたのが生きた。

実践編 5-7-1 トレーニングを繰り返すうち 有効なラインが浮かび上がる

上昇トレンドが一服しているとき にはこうやって考える！

ドル円　買い　2023年5月8日

週足や日足といった上位の時間足のトレンドが、一時的に落ち着いているケースの売買例。下位時間足の流れを切り取っていくトレードのイメージを掴んでもらいたい。

週足の環境認識

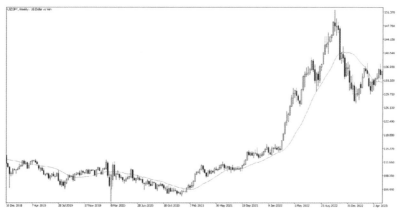

　一度上がりきってから、移動平均線を割り込んでもみあっているのが週足のパッと見で分かること。直感を裏付けるために、水平線を書き込んでみよう。

MEMO

日足の環境認識

　移動平均線に沿って下降していたところから、もみあいになっているのが日足。目線で方向性を掴むべく、起点を書き込んでみよう。

:..:
: MEMO
:
:
:..:

4時間足の環境認識

　４時間足は一見して上昇傾向。ただ、移動平均線とローソク足が何度もクロスしているので、それだけでさほど勢いがないことが読み取れる。

:..:
: MEMO
:
:
:..:

1時間足の環境認識

　上がって頂点をつけてから、下がっているのが１時間足。上昇、下降ともに、移動平均線をレジスタンス、サポートにしていることから、勢いがあったと分かる。

MEMO

15分足の環境認識

　急上昇と急下降が繰り返されているチャートで、安定して方向感があるとはいえなさそう。水平線を高値、安値に引いてみよう。

MEMO

５分足の環境認識

　大きく上がったあと、方向感がないのが５分足の状況。短期チャートはエントリーや決済の基準になるため、有効な線を引けるスキルが重要だ。

MEMO

エントリーの戦略

　これまでの分析を基に、トレードシナリオを考えてみよう。高値や安値に引かれた有効な線をできるだけ活用するように。

MEMO

売買を自動化することでFXのストレスを減らす！

成功体験を積み重ねることで
自信を持ってトレードできる！

ドル円　買い　2023年5月8日

指値、逆指値を組み合わせたOCO注文やIFO注文を用いて、売買を自動化した方が良いと思っているんだけど、このトレードはまさにその好例だった。

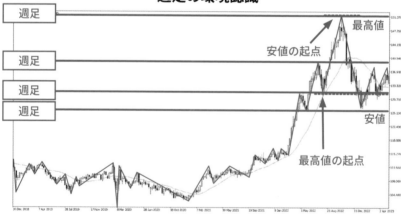

週足の環境認識

　週足では、最高値をつける上昇トレンドだったことを確認。しかし、最高値の起点を下へブレイクしたため、目線は下へ切り替わった。その後は安値で反発していて、分かりやすい方向性はないと考えた。

日足の環境認識

高値が同じ価格
安値が切り上げる
ペナントに

週足レベルの安値をつけたあと、高値は日足で引いた水平線に頭を押さえられるも、安値は切り上がっている。これはレンジ相場でよく見られるチャートパターンで、いずれはどちらかの方向に価格が走り出すことに。

4時間足の環境認識

この時間軸では、高値、安値がどちらも切り上げていて、上昇トレンドと判断可能。ただし、移動平均線と価格が何度も交わっているため、それほど強い上昇の勢いがあるわけでもないという判断もできる。

1時間足の環境認識

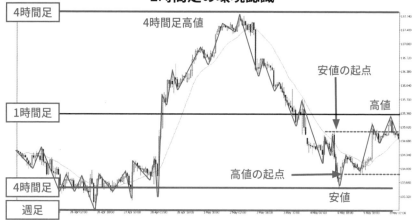

4時間足の高値をつけてから、下落に転じている局面だ。この下落でつけた安値の起点付近での値動きになっており、目線が下から上へ移るかどうかという状況になっている。また、高値の起点は下抜けていないため、やや上目線といったところ。

15分足の環境認識

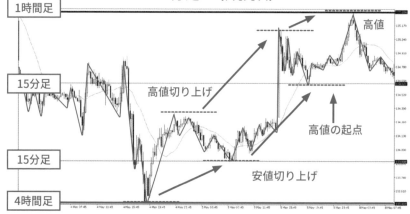

高値、安値がどちらも切り上げており、この時間軸では上昇トレンドと見て間違いない。最新の高値の起点に近づいてはいるものの下抜けてはいないため、上目線で分析していきたいところだ。

５分足の環境認識

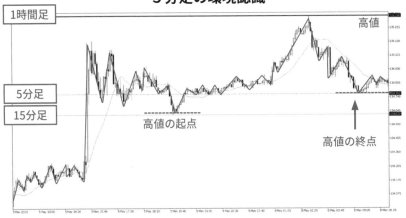

現状の高値の起点より上での値動きになっており、また高値の終点も下抜けできていないため、ロングを入れるチャンスを探りたい局面。高値や安値の終点も意識されやすく、この局面ではサポートラインとしての役割に期待。

エントリーの戦略（５分足）

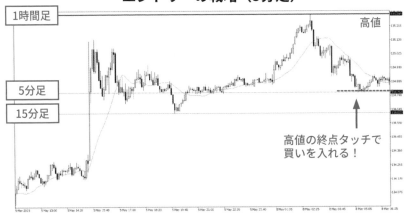

週足や日足にははっきりした動きはないものの、下降の圧力は強くなく、４時間足より短い時間軸では買い優勢と見て買い場探し。今回は高値の終点タッチから買いを入れる戦略を採用した。

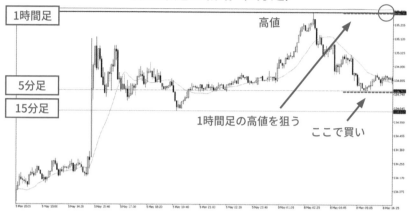

利益確定の戦略（5分足）

高値

1時間足の高値を狙う

ここで買い

1時間足

5分足

15分足

　１時間足の高値が利益確定のターゲット。こういったケースでは、指値を入れた方が相場を見張っていなくて済むんだけど、ラインの真上よりは少し手前に置いた方が、直前で反転するケースに対応できる。

損切りの戦略（5分足）

ここで買い

安値

15分足の安値で損切り

1時間足

5分足

15分足

　15分足の安値を目安に損切りをする。このケースでは、ラインの少しだけ先に注文を置くことで、線の真上で反転上昇するケースのときに、ポジションが切られずに生き残る。どちらにせよ、特に理由がなければ逆指値で損切りを自動化しよう。

トレードの結果（15分足）

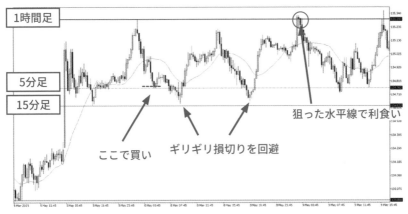

1時間足

5分足

15分足

狙った水平線で利食い

ここで買い

ギリギリ損切りを回避

トレードの結果はこんな感じに。5分足の水平線で買い、15分足の水平線に2度接近するも、どちらもタッチせずに反転したので損切りを回避できた。そして1時間足の水平線で利益確定。こうして振り返るとギリギリの勝利にも見えるけど、指値、逆指値が入っていればヒヤヒヤする必要もないよね。

今回のトレードのポイント

週足や日足は方向感があまりなかった	週足や日足は、明確に上昇トレンドとはいえないものの、下がってもいないという状況。下位足の動き主体で流れを追うトレードとなった。
4時間足以下は、全体的に上目線	短い時間軸は全体的に上目線だったため、買いに絞り込めた。全チャートが同方向に揃うことはあまりないので、総合的に流れを掴む感覚を磨こう。
線から線へと移り変わる王道の展開	5分足の水平線でエントリー、利食いは1時間足、損切りは15分足という、水平線から水平線への値動きがそのまま売買ポイントになった。
指値、逆指値でドキドキせずに済んだ	リアルタイムの操作で同じトレードをしようとしたら、けっこう精神的に疲れる展開だったけど、利食いも損切りも自動化していたためメンタルは平穏。

　会社や他人に依存せずに、稼げるようになってほしい。この想いで今回の本を綴ってきた。結果を出すには、まずは行動することが大切で、あなたはこの本を読んで問題を解くという行動を成し遂げた。本を買っただけで学んだ気分になった人とは違う。行動した結果、FXの正しい知識と正しいフォームを身につけられたはずだ。

　さあ、ここからが本番だ。あなたはこれから自力で稼げるFXトレーダーにならなくてはならない。まずは、成功体験を積み重ね、再現性を高めるためにトレードをシンプルにすること。FXで少しずつ稼げるようになれば、トレードのセンスも次第に磨かれていくだろう。

　僕は自分の会社を経営し、ビジネスにも本気で向き合っているけれど、FXもビジネスと同じだと思う。ビジネスにおいて、自分の行動全てに責任を持って行動するように、投資も自分の行動に責任を持って行うべきだ。FXをビジネスとして行う以上、退場しないようにリスク管理を徹底してトレードを行う責任があなたにはある。

　トレードの成績が向上したのなら、あなたが頑張った証。仮に負けてしまうことがあっても「トータルで勝てば良い」ことを思い出すようにしよう。リスクリワードを意識して、再現性の高い勝ちトレードを繰り返せば、退場することはまずない。

　そして、向上心を忘れてはいけない。常にモチベーションを保つためにも、自分が叶えたい夢と目標をいつでも思い出せる環境は整えておくようにしよう。紙に目標を書くのも良いし、僕のよ

うにビジョンボードを作るのだって良い。あとは直感を信じて心地よく走れる道をマイペースで進む。

　僕が眩しすぎる目標を掲げて走り続けてきたように、あなたも高みを目指してアクションを起こし続ければ、あなたが思い描く未来は夢のままでは終わらないはずだ。だって、夢は見るものじゃなく、叶えるものだから。叶えられるまで挑戦し続ければ成功する。

　未来の話ばかりしてきたけれど、FXの技術を身につけていつでもお金を稼げる自分になったら、時間の使い方も有意義になるだろう。少なくとも僕は、いつ終わるか分からない人生だから、ここから先も、好きなことで生きていく。そのために、今を楽しく生きるし、未来のために思いっきり稼いで、やりたいこと全部やる。

　最後に、たくさん稼ぎたいと思っている人へ。FXも仕事も楽しまないと稼げない。極端に楽な道はない。嫌々ながらFXをしている人と、勉強に没頭して夢中でFXをしている人ならどちらが成功すると思う？　答えは簡単に分かると思う。成功するには、勝つための原理原則を理解してFXを好きになること。それができた人が大金を手にするのだと思う。

　できると思って行動し続ければ、案外簡単に成功するもの。多くの人は行動に移さないけれど、あなたは一歩を踏み出した。あとは前進あるのみ。

　自分に負けないでね。

2024年4月　水島翔

水島 翔（みずしま・しょう）

事業投資家。株式会社好きなことで生きていく代表取締役。スキャル
ピングとデイトレードを得意とするFXトレーダーでもある。1984年
富山県生まれ。高校を中退し、地元の建設会社や運送会社、漁師など
の仕事に就くも、働けど働けど拘束時間に見合わない収入しか稼げな
い生活に嫌気が差し、独学でFXを学び始める。漁師の経験で培った
野性的な相場観で、取引開始10か月後には月収850万円を突破。独
立後はトレードのノウハウを体系化して発信。自身で運営する
YouTubeチャンネル「FX/ryoushi-trader」の登録者数は16万人を
超える（2024年3月時点）。FXトレーダーとしての発信に加え、地域
創生のために飲食事業や不動産事業なども展開。会社に依存すること
なく「好きなことで生きていく」人を増やすべく活動を続けている。
著書に『漁師トレーダー翔の「一本釣りFX」世界一やさしいデイト
レ・スキャルピング入門』（ぱる出版）、『株式会社 好きなことで生き
ていく』（扶桑社）がある。

爆釣FXドリル 【実録】知識ゼロから10か月で
月収850万円を達成した「S級スキャルピング」

2024年4月18日　初版発行
2024年6月15日　3版発行

著者／水島　翔

発行者／山下　直久

発行／株式会社KADOKAWA
〒102-8177　東京都千代田区富士見2-13-3
電話　0570-002-301（ナビダイヤル）

印刷所／図書印刷株式会社

製本所／図書印刷株式会社